小儿物理治疗学：
特教融合干预与辅助科技

廖华芳　王俪颖　刘文瑜　陈丽秋　黄霭雯　编著

赵聪敏　审校

重庆大学出版社

小儿物理治疗学/Pediatric Physical Therapy–Health Promotion, Habilitation and Rehabilitation/廖华芳(Hua Fang Liao)、王俪颖、刘文瑜、陈丽秋、黄霭雯编著。由禾枫书局有限公司同意授权在2020年。

图书在版编目（CIP）数据

小儿物理治疗学：特教融合干预与辅助科技 / 廖华芳等编著. --重庆：重庆大学出版社，2022.4
（特殊儿童教育康复指导手册）
ISBN 978-7-5689-3179-3

Ⅰ.①小… Ⅱ.①廖… Ⅲ.①儿童教育—特殊教育—教育康复—物理疗法—手册 Ⅳ.①G76-62②R454-62

中国版本图书馆CIP数据核字（2022）第039759号
版贸核渝字（2020）第125号

小儿物理治疗学：特教融合干预与辅助科技

廖华芳 王俪颖 刘文瑜 陈丽秋 黄霭雯 编著

赵聪敏 审校

责任编辑：陈 曦 版式设计：陈 曦
责任校对：夏 宇 责任印制：张 策

*

重庆大学出版社出版发行
出版人：饶帮华
社址：重庆市沙坪坝区大学城西路21号
邮编：401331
电话：（023）88617190 88617185（中小学）
传真：（023）88617186 88617166
网址：http://www.cqup.com.cn
邮箱：fxk@cqup.com.cn（营销中心）
全国新华书店经销
重庆升光电力印务有限公司印刷

*

开本：787mm×1092mm 1/16 印张：9.5 字数：184千
2022年4月第1版 2022年4月第1次印刷
ISBN 978-7-5689-3179-3 定价：56.00元

本书如有印刷、装订等质量问题，本社负责调换

推荐序

魏国荣

资深物理治疗师

河北医科大学教授 / 儿童康复学科带头人

中华康复治疗师协会副会长

国际残疾儿童学术联盟（IAACD）教育委员会委员

儿童的成长是一件很奇妙的事情，他们一天天长大，发展出不同的个性。而那些出于各种原因不能像普通儿童一样顺利成长的特殊儿童，他们同样渴望被爱，渴望与同伴游戏，更渴望上学、接受教育。能够使他们如愿以偿，正是儿童物理治疗追求的终极目标。

廖华芳教授有多年儿童物理治疗的工作经验，同时也广泛参考不同国家和地区的文献及经验，特别是世界卫生组织（WHO）颁布的国际功能分类青少年版（ICF-CY）。廖教授及其团队不断践行其在儿童康复中的应用，为华人儿童康复界做了非常重要的引领。尽管每个孩子都是与众不同的，但本书介绍的物理治疗理论知识和实践指导可以帮助从业人员进行儿童期的各种情形的评估、测量。它不只是一线治疗师的重要参考书，也可以使儿童物理治疗的研究人员、特殊儿童的家长从中受到启发。

感谢重庆大学出版社以及赵聪敏教授的辛勤付出，使得本书能够以简体中文出版，承蒙受邀为此著作作序，荣幸之至并诚意推荐，希望此书惠及众多！

2021 年 2 月 15 日于石家庄

审校序

赵聪敏

中国残联"康复评定专委会"副主委

重庆市妇幼卫生学会"儿童心理与行为专委会"主委

重庆鸿敏生命健康研究院暨智星康儿童医院专家

原陆军军医大学新桥医院儿科主任医师、教授

　　《小儿物理治疗学》是台湾大学物理治疗学系暨研究所廖华芳教授团队的著作。该书高屋建瓴、提纲挈领，在WHO-ICF-CY理论框架下，从生物、社会、心理学和认知、环境与社会情绪、教育学领域诠释了医教结合与教康结合的理念；它立足于疾病与健康、结构与功能、活动与参与、个人与环境因素，从生物学基础至临床症状学，对相关知识体系与服务技能进行了较为详细的阐述，逐渐成为小儿物理治疗师的培训教材和同人们实际工作中的参考用书。

　　我作为廖华芳教授的老朋友，曾是本书第一、二版的忠实读者和受益者。在得到廖教授馈赠的《小儿物理治疗学》第三版之后，我更加感悟到该书的内涵丰富、经验宝贵。在学习和应用的过程中，针对书中的许多热点问题，我和廖教授的团队成员自发地成立了一个学习小组，坚持利用互联网会议平台，每周或每月进行一次学术沙龙，极大地提升了参与该小组的物理康复治疗师的服务技能。我们还依照中国医疗与残联康复服务的地方标准，参考该书的相关特色与经验，依托重庆市残疾人联合会儿童联合评估中心，打造了五位一体管理系统，整合个体基本信息、医生诊疗、生物学标记和影像学检查、筛查与诊断性评估、ICF-CY框架下的医康教策略与实施方案、个体训练内容和时间监管、技术人员的工作内容与服务成效、相关人员在岗职责体现、工作室利用率与设备运行情况、医康教托家联合体的效果等信息，连接医院与机构，方便政府相关职能部门提取信息。医院与机构、医院与社区或家庭互联，目前已经初具规模且初见服务成效。

简体中文版《小儿物理治疗学》共分三册：第一册介绍小儿物理康复的基础理论与评估；第二册介绍特殊儿童常见疾病的专业性服务；第三册介绍特殊教育融合与辅助科技。这三册书相对独立又相互关联，体现了医教结合、教康结合、教育融合、以家庭为中心的个性化服务理念，提供了实用的具有循证依据的方法和技术，真正做到了跨专业、跨学科、跨行业整合，是从事医学、康复、教育的工作者们不可或缺、值得珍藏的教科书和参考书。我深感这三本书值得向儿科、儿童保健科、发育行为科医生，小儿物理治疗师和特殊教育教师诚挚推荐，以提升同人们的个体化支持服务能力，造福更多的特殊儿童。

2021 年 2 月 16 日于重庆

目　录

第一章

教育系统的物理治疗

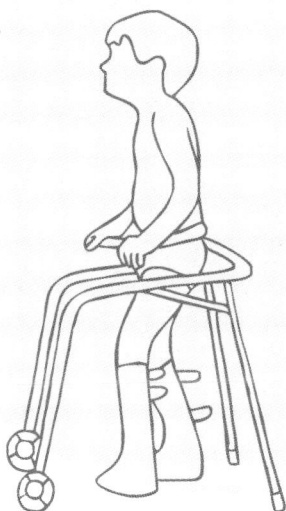

第一节 前 言

物理治疗师为特殊教育系统团队成员之一。

需特殊教育及相关服务措施者分类如下：

（1）智能障碍；

（2）视觉障碍；

（3）听觉障碍；

（4）语言障碍；

（5）肢体障碍；

（6）身体病弱；

（7）情绪行为障碍；

（8）学习障碍；

（9）多重障碍；

（10）自闭症；

（11）发育迟缓；

（12）其他障碍。

一、融合教育简介

从历史的观点，为障碍幼儿提供教育安置可以分为相对性隔离、融合、全纳、充权与自我决定等阶段（Polloway et al., 1998）。为使融合教育成功，应该了解融合教育机构必须具备的基础条件，如表 1-1 所示（钟梅菁，2003）。表 1-2 为融合教育模式中可行的相关专业人员服务方式，分为四种：咨询/间接服务模式、小组教学方式、助理服务模式、部分隔离模式（Elliott, 1998）。一般而言，咨询/间接服务模式最被推荐，仍根据儿童的服务需求，也可合并其他的教学方式。研究显示，普通班老师的信念与专业人员的技能及沟通能力是实施融合教育的关键条件（王天苗，2001）。

表 1-1 融合教育学校须具备的基础条件

类别	项目
理念态度	1. 学校不仅接收障碍幼儿入学，更应让所有幼儿与家长受到平等的待遇。 2. 平等与尊重的观念，落实在幼儿学习活动中，也落实在教师的言行中。
教育安置	1. 所有幼儿不论其障碍的种类、程度，都可以与一般幼儿一起进入家庭附近学校普通班就读。 2. 教室中障碍幼儿与普通幼儿的人数成自然比例。 3. 配合幼儿需要，应规划无障碍空间的设施。

续表

类别	项目
课程教学	1. 重视师资素质的提升及教师间的合作。 2. 强调个别化教学、合作学习与同伴学习等灵活有效的策略。 3. 重视幼儿社会技巧的学习与运用。
专业服务	1. 联合特殊教育教师、物理治疗师、智力治疗师、语言治疗师等专业人员，提供专业团队 合作方式的服务。 2. 鼓励家长参与，共同为个案拟订完整的治疗方案。
实施成效	1. 障碍幼儿及一般幼儿共同成长。 2. 兼顾所有参与的幼儿学习成长的权利和需求。

摘自钟梅菁，2003。

表 1-2 融合教育模式中可行的相关专业人员服务

	意义	实施方式
咨询／间接服务模式	·相关专业人员提供普通教师相关咨询／间接服务、提供特殊需求幼儿评量与观察，且与普通教师一起讨论幼儿的需要并提出建议。	·咨询／间接服务模式不是提供直接的服务。相关专业人员依据幼儿的问题，进行环境调整，提供课业内容与格式的建议。
小组教学方式	·普通教师与相关专业人员在班级中一起合作，共同负责全班的课程。	·采取协同教学的方式，在课程中规划小组活动、个别指导，让幼儿获得成功的学习经验。
助理服务模式	·安排专业助理人员，提供普通教育教师教学的协助。此外，每隔一段时间，安排专业人员至教室，对幼儿进行观察评估。	·专业助理人员通常安排在一间收托 1～4 位特殊需求幼儿的教室。专业助理人员的主要任务是了解幼儿的学习情形、提供个别教学或小组教学的协助。偶尔为了避免影响班级学习气氛，可以带一组幼儿离开教室进行其他活动。
部分隔离模式	·普通教师与相关专业人员彼此有独立的课程规划与教室空间。障碍幼儿必须往返于普通教室与资源教室。可以减轻普通班教师的责任压力，且不要求相关专业人员与一般教师有密切的合作。	·部分时间将幼儿抽调至资源教室，提供较多个别化教学活动。适合因为严重情绪困扰、注意力缺陷多动而无法在普通班获得有效改善的情况。

摘自 Elliott，1998。注：相关专业人员包括特殊教育教师。

二、ICF-CY 于特殊教育的运用

由于"国际功能、障碍与健康分类系统儿童与青少年版"（ICF-CY）为专

业间公认的，日本 2005 年开始将 ICF 及 ICF-CY 运用于特殊教育系统，其流程参考图 1-1。而如何将评估结果整理出特殊学生功能剖面图见本章范例图 1-4。

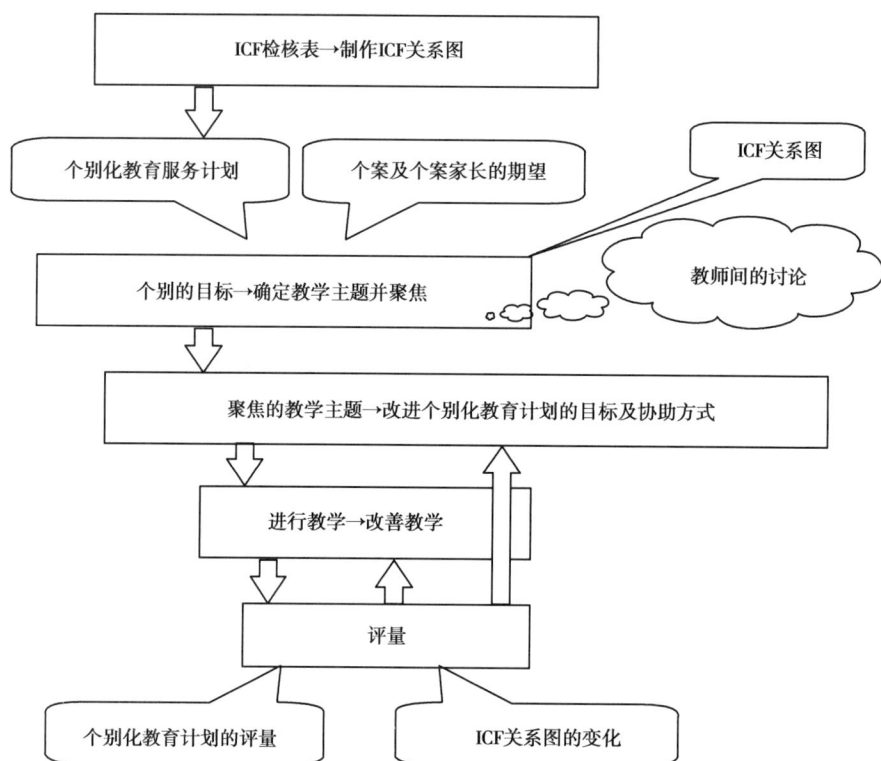

图 1-1　特殊教育系统 ICF 运用流程（经同意转载自：廖华芳等，2011:19）

第二节　物理治疗在教育系统的服务作业

一、小儿物理治疗师的专业角色

在王天苗所主编的《特殊教育相关专业服务作业手册》中，学校系统物理治疗师的介绍如下：小儿物理治疗师的服务主要在协助儿童的正常发育，增进儿童体适能，训练儿童日常生活及就业所需能力，提供适当的辅具建议，以增进活动能力，并且分析造成动作困难的因素，以加强儿童动作能力技巧。以下从五个方面说明小儿物理治疗师的专业角色（王天苗，2003）：

1. 儿童动作发育

物理治疗师熟悉儿童动作发育的历程，能够协助规划与执行儿童动作发育问题的筛检，并且评估儿童的动作能力（如姿势控制、姿势变换、移位能力、平衡能力，以及跑跳、踢接球等）。物理治疗师可进一步设计并执行儿童动作方面的训练计划，并且协助老师设计可以增进身心障碍儿童学习动作技巧发育的课程与活动。

2. 动作矫正

因为物理治疗师非常了解正常与不正常动作的成因与影响因素，所以能够评估造成儿童动作执行困难的原因（如肌肉力量、关节活动度或动作控制等问题），并且设计治疗计划。例如，物理治疗师为动作较笨拙的儿童进行评估，协助老师建构一套适合儿童的动作训练策略，让儿童能够以最佳的方式执行各种动作技巧。

3. 体适能

物理治疗师熟悉运动生理的测试，也会设计与执行体适能训练计划。在学校里，物理治疗师会通过运动测试来了解儿童的体适能状况，再由评估的结果协助老师设计适合儿童的体适能训练计划。因此，物理治疗师可以与学校体育老师合作，共同设计适合身心障碍学生的体育教学活动，以激发学生最大的运动潜能，增进学生在体适能方面的发育。

4. 行动与摆位辅具使用

物理治疗师会评估动作障碍的儿童对行动、摆位或其他如足部辅具的需求，并协助老师进行辅具的配置与选购。所谓行动辅具是指如轮椅或助行器等辅具，可以协助儿童在班级与校园的行动与活动；摆位辅具是指如站立架或三角椅等辅具，可以协助儿童维持坐姿或站姿；其他辅具还包括如托足板的足部辅具，可以让儿童在走路时更容易控制步态。在完成辅具的配置后，物理治疗师会针对儿童使用辅具的能力加以训练，并提供儿童、老师或家长保养辅具的简易方法。

5. 环境调整

物理治疗师会评估动作障碍的儿童在学校环境中的活动和参与情形，针对他们的需求，设计无障碍环境，并且提供学校与老师有关环境调整与改造的建议。例如，针对校内使用轮椅儿童，物理治疗师提供学校斜坡道设立位置、坡道的宽度和坡度等建议，也会建议老师要如何调整班级内的空间与动线，方便学生进出与活动。此外，物理治疗师也会训练儿童在调整后的环境里表现出更好的动作能力。

由于在教育系统的医疗相关服务有人力不足、专业隔离，以及服务与教育相关程度等问题，加上物理治疗与智力治疗在特殊教育中常扮演发育治疗师角色，服务较多重叠性，因此有学者提出主要治疗师模式。在此模式中，一位物理治疗师或智力治疗师被指定为主要治疗师，以合作式专业团队模式整合其他医疗专业资讯与技术，将儿童所需要的相关医疗服务直接与老师合作提供给特殊学生，然而这个模式能否执行在制度、技能方面有待突破，其成本效益仍有待研究（Rainforth，2002）。

二、美国物理治疗学会对学校系统物理治疗师专业角色的描述

美国物理治疗学会在1990年曾经提出物理治疗师在教育系统中的专业角色说明，其主要目的是希望经由物理治疗师提供儿童筛检、评量、干预及咨询活动，并提供相关专业人员、学校行政人员、教师等信息，使身心障碍学生可以得到较好的教育效果。物理治疗师在学校中对有知觉动作障碍或怀疑有障碍的儿童可提供观察、筛检及评估，同时根据评估的结果提出解释及拟订干预计划。

提供服务方式包括直接服务、间接服务及咨询服务，物理治疗师也可以提供相关专业服务计划的管理与处理，可以参与当地教育机构对于特殊儿童的团队规划程序，以将物理治疗服务有效率地提供给有需要的儿童。物理治疗师提供教育当局咨询，除使物理治疗服务目标得以达成外，也与教育当局的行政人员、父母以及非学校机构（如辅具厂商）等建立关系，以促进儿童教育目标的达成。此外，学校系统中的物理治疗师也可以提供儿童实习的机会。

在促进专业发育与伦理方面，在学校系统的物理治疗师应遵守专业伦理且寻求专业的发育，遵守法律规范并与其他专业人员相互合作，以达成当地教育机构设定的目标（Martin，1990）。

三、学校系统的物理治疗转介

一般来说，在学校里只要是儿童活动能力受到限制、参与学习活动有困难，或者出现关节肌肉疼痛等问题，可以建议老师转介给学校系统的物理治疗师（王天苗，2003；孙世恒与王天苗，2002）：

（1）学生有知觉动作方面的问题，需要无障碍的校园环境和改善班级设施。

（2）需要行动或摆位的辅具，或目前已有辅具需再评估者。

（3）参与体育课或户外教学活动有困难。

（4）生活自理时，动作上有困难（如上厕所脱穿裤子时无法保持平衡、手无力举高梳头、使用卫浴设备有困难、打扫有困难）。

（5）学生有动作方面的问题，有职业训练困难（如体力无法应付、没有力气操作工具）。

（6）无法自行上下楼梯或走高低不平的路。

（7）动作姿势和同学不一样（如走路踮脚尖、走路双手无法协调摆动）。

（8）走路有困难或走路速度慢（如无法自行行走、常跌倒或碰撞、跟不上同学）。

（9）体能不好，容易疲累或喘气。

（10）提重物、抬东西或做一些费力的动作有困难。

（11）动作计划或协调能力有困难（如不会做韵律活动、跳绳、单脚跳或交替跳）。

（12）平衡能力明显比同学差（如无法单脚站直、无法蹲着玩游戏、无法走平衡木）。

（13）维持直立姿势、变换姿势或身体移动有困难（如不会自己坐、站、爬）。

（14）姿势不良（如两侧肩膀不等高、脊柱侧弯、歪头、驼背、O形腿、长短腿等）。

（15）肌肉张力太强或太弱，身体四肢僵硬或无力。

四、物理治疗在学校系统的服务内容

学校系统物理治疗师的工作主要是在处理身心障碍学生在移动、行走、身体平衡、动作协调、关节活动度、体适能、行动与摆位辅具的使用，或环境调整与改造等的问题。因此，物理治疗师到学校服务时，就是要与老师共同解决学生因上述问题而造成学校学习与生活的困难（王天苗，2003）。物理治疗师在学校可以提供的服务项目及内容，包括：

（1）改善儿童维持正确姿势的能力。

（2）增进儿童改变姿势的能力。

（3）改善儿童的移动能力。

（4）改善儿童的动作控制及协调的能力。

（5）改善儿童的体适能。

（6）减少学习环境的障碍。

（7）协助儿童获得适当的行动或摆位辅具。

（8）维持身体构造与基本功能。

（9）增加自主肌肉控制的能力。

第三节　整合式治疗与咨询

一、整合式治疗

麦克威廉提出整合式治疗，即治疗与教育整合，将治疗整合在儿童日常生

活作息及课堂活动之中，且与其他儿童在一起进行（McWilliam & Sekerak，1995a）。其优点包括：

（1）儿童所学得的技能不需要由隔离式环境再次转移至自然情境。

（2）在非治疗时间有机会持续练习取得进步。

（3）在自然情境中，儿童能获得自然的增强物，以获得技能（Hall，1982）。

传统时段式的治疗方式，使中重度儿童在治疗室中获得的技能难以概化到日常生活中（Brown et al.，1998）。概化是将一项已经在特定情境表现出来的行为转化到另一个情境之中。情境的转化，必须先被规划好，以确定能提供足够的练习，而不是等待机会随机发生（Schmidt，1991；Snell & Zirpoli，1987）。

段落式与集中式的练习方式能促使新技能的获得，但随机或分散式的练习能进一步使其永久学会技能（Schmidt，1991；Shea & Morgan，1979）。因此，整合式治疗将技能的学习分散在日常生活的流程中，能达到分散及随机练习的效果，进而促进持续性的学习。

治疗师实施的治疗模式依据整合的程度由少到多分别有：个别化抽离模式、小团体抽离模式、在教室中一对一模式、团体活动、生活作息中个别治疗、合作式模式（McWilliam，1995b）。研究显示，在机构中 52% 物理治疗师均认同整合式治疗（McWilliam & Bailey，1994；McWilliam & Sekerak，1995a；Sekerak et al.，2003）。

物理治疗师在不同专业间实际施行整合式治疗的比例最低，只有 28% 选择整合性干预方式，有可能是物理治疗师缺乏施行此种服务模式的知识及办法（McWilliam & Bailey，1994；McWilliam & Sekerak，1995a）。在整合式治疗方法中，咨询是最常被使用的，以下简介咨询的策略与方法。

二、咨询

研究显示，治疗师在教育系统当咨询者的效果与直接服务类似，皆可促进学生的能力，而教师也指出他们比较喜欢专业人员进教室提供建议与咨询，而不是将学生带出教室在另一地方施行抽离性治疗（Dunn，1990；Giangreco，1986；Schulte et al.，1990）。虽然廖华芳与林丽琴等人于 1997 年的研究显示，对于在家教育的儿童直接治疗比咨询治疗的效果较好，可能由于当时国内专业团队的合作模式尚未完全建立，因此并不能以该研究结果表示直接治疗一定优于咨询治疗（廖华芳等，1997）。

Hanft 与 Place 提出，咨询服务在教育系统可以达到节省人力及有效服务的效果。医护人员若把在医疗系统中的服务模式直接运用到学校系统上，往往无法达到效果（Hanft & Place，1996）。在合作式专业团队的专业人员的角色中，最重要的是与教师之间沟通互动，协助教师侦测儿童的情形。在学校中物理治疗师提供咨询的好处如下（Cole et al.，1989；Meyers et al.，1991）：

（1）有效率地使用现职的专业人力。

（2）符合教育法规中在最少限制活动中提供专业服务，即在支持融合教育及落实特殊教育中，提供相关专业服务的目的。

（3）可以相互促进专业技能。

（4）可以加强问题解决能力的资源。

在 IEP 的拟订与执行过程当中，专业人员咨询的角色决定可参照图 1-2。

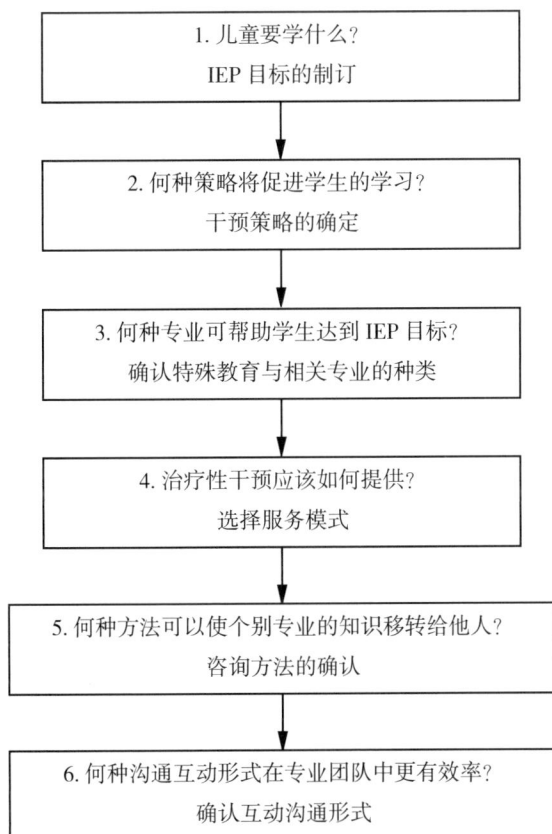

图 1-2　个别化教育计划中专业咨询角色的决定（摘自 Hanft，1996）

（1）第一阶段："学生要学什么？"作为 IEP 拟订的参考；

（2）第二阶段："何种策略将促进学生的学习"，这时治疗师提供其他专业团队咨询以确定"干预策略"；

（3）第三阶段："何种专业可以帮助学生达到 IEP 目标"来确认特殊教育与相关专业的种类；

（4）第四阶段："治疗性干预应如何提供"，这时主要选择服务的模式，即整合式治疗、直接治疗、间接治疗、咨询治疗或监测学生的功能；

（5）第五阶段：若决定咨询治疗，就要确认"何种方法可以将个别的专业知识移转给他人"，由负责提供咨询的治疗师根据各因素确认所使用的咨询方法；

（6）第六阶段：为专业团队中沟通更有效率，提供咨询的专业人员，要选择并确认合适的"互动沟通形式"。

如何当一位称职的咨询治疗师，Hanft 提出 SMS（Strategy-Method-Style）模式即"干预策略—咨询方法与沟通形式"模式（Hanft & Place，1996）。在干预策略方面有如下内容：

（1）协助团队成员得到新资源。

（2）利用系统中现有的资源或教材。

（3）环境修改。

（4）协助专业团队重新整理对儿童的看法。

（5）改变学生课程或其他专业团队成员的访视时间。

咨询方法包括：

（1）楷模，也就是示范。

（2）直接教导。

（3）提供资源，如网络、社会团体。

（4）提供书面资料或录像带。

（5）鼓励与支持。

互动沟通形式则包含"告知""游说""教导／建议"与"鼓励或支持"。以上各沟通互动形式，在互动层级有一点差别，"告知"是直接将建议或执行方法告诉老师，老师的参与性较低，"鼓励或支持"确认老师所使用的方法，鼓励老师再继续尝试练习，老师的主动参与性较高。"游说"是当老师对治疗人员的建议还有保留时，要了解老师的看法，并告知老师建议的理由；"教导与建议"，则对老师的一些意见给予反馈，作为老师后续执行建议的参考（Hanft & Place，1996）。咨询者能力包括专业素养、整合分析问题能力、沟通与教导能力。

第四节　个别化教育计划

一、内容与拟订流程

"个别化教育计划"（IEP）指运用专业团队合作方式，针对身心障碍学生个别特性所拟订的特殊教育及相关服务计划，其内容包括下列事项：

（1）学生认知能力、沟通能力、行动能力、情绪、人际关系、感官功能、健康状况、生活自理能力、语文和数学等学业能力的表现。

（2）学生家庭状况。

（3）学生身心障碍状况对其在普通班上课及生活的影响。

（4）适合学生的评量方式。

（5）学生因行为问题影响学习者，其行政支援及处理方式。

（6）学年教育目标及学期教育目标。

（7）学生所需要的特殊教育及相关专业服务。

（8）学生能参与普通学校（班）的时间与项目。

（9）学期教育目标是否达成的评量日期及标准。

（10）学前教育大班、小学六年级、初中三年级及高（职）中三年级学生的转衔服务内容。

参与拟订个别化教育计划的人员，应包括学校行政人员、教师、学生家长、相关专业人员等，并得邀请学生参考；必要时，学生家长可邀请相关人员陪同。

美国 94-142 公法公布之后，特殊教育 IEP 拟订与执行的过程由 5 个步骤增加为 14 个步骤（李庆良，1993；2004 年修正案），IEP 拟订与执行的过程简化，减少了一些书面记录。有的学者建议 IEP 拟订流程如图 1-3 所示（陈明聪，2008b）。

二、长期目标

IEP 长期目标设定可以是一学年或一学期的，对于年龄较小的个别化训练计划（IPP），则可以只有 3 个月。发育量表所得的信息不可直接转换成个案的 IEP 治疗目标，而是要找到发育量表的活动技巧，了解其执行层面的问题，再配合生活功能设计成治疗目标。长期目标项目的设定参考可以根据七个方面来思考：

（1）功能相关的：IEP 中，与教育相关功能需求为最优先，如儿童无法从教室走到厕所，或无法参与体育活动，或无法坐好听课等。IPP 或 IFSP（个别化家庭服务计划）中则与发育任务或家庭等功能需求为最优先，如儿童方面，有获取充足营养、建立亲子关系、游戏、知觉、学习与动作发育、参与家庭与社区活动等；家庭方面，有亲职职能、环境安排与亲职压力等。

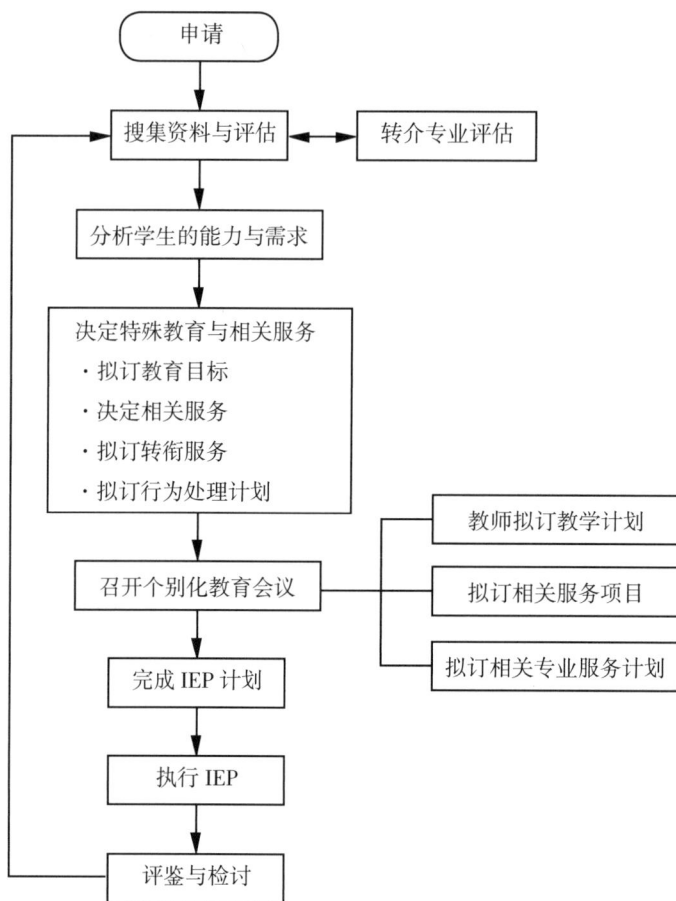

```
            ┌──────────┐
            │   申请    │
            └──────────┘
                 │
      ┌──────────────────┐      ┌──────────────┐
   ──▶│  搜集资料与评估   │◀────▶│  转介专业评估  │
      └──────────────────┘      └──────────────┘
                 │
      ┌──────────────────┐
      │ 分析学生的能力与需求 │
      └──────────────────┘
                 │
      ┌──────────────────┐
      │ 决定特殊教育与相关服务 │
      │ ·拟订教育目标      │
      │ ·决定相关服务      │
      │ ·拟订转衔服务      │
      │ ·拟订行为处理计划   │
      └──────────────────┘
                 │                  ┌──────────────────┐
                 │             ┌───▶│  教师拟订教学计划   │
      ┌──────────────────┐     │    └──────────────────┘
      │ 召开个别化教育会议  │─────┤    ┌──────────────────┐
      └──────────────────┘     ├───▶│  拟订相关服务项目   │
                 │              │    └──────────────────┘
                 │              │    ┌──────────────────┐
      ┌──────────────────┐     └───▶│ 拟订相关专业服务计划 │
      │   完成 IEP 计划   │          └──────────────────┘
      └──────────────────┘
                 │
      ┌──────────────────┐
      │     执行 IEP     │
      └──────────────────┘
                 │
      ┌──────────────────┐
   ──│   评鉴与检讨      │
      └──────────────────┘
```

图 1-3　个别化教育计划（IEP）拟订与执行步骤（参考自陈明聪，2008b）

（2）未来的需求：包括启建的需求与预防次发性并发症。如促进感知觉，加强日后手脚功能运用，以此为持续发育的基石；或不良母子互动情形，有可能造成儿童未来以自我为中心；或脑性瘫痪儿童因其高张力有可能造成日后关节挛缩，或现有姿势不对称，有可能会产生脊柱侧弯。

（3）年龄相关的：指生理年龄或发育年龄。如 3 岁准备上托儿所，需做上托儿所的准备，如学校是否要环境修改，儿童需要哪一类的辅具，或精细动作发育年龄在 6 ~ 8 个月大时，可以以 8 ~ 11 个月大发育能力为目标。

（4）家长的期待：通常在评估中，要考虑家长的期待，根据家长的期待去做评量以了解家长的期待是否合理，在合理范围内，将家长期待放入长期目标，或设法帮家长建立合理的实际目标。

（5）预后：根据美国物理治疗学会个案处理模式，预后通常是拟订目标很重要的参考。

（6）环境：根据系统理论，环境（情境）常是影响儿童功能的重要因素，因此根据环境的评估可以拟订其辅具以及环境（情境）改造的目标，如主要照顾者的信念与行为、母子互动品质、家庭支持与资源利用等也可设为长期目标。

（7）不稳定时期：根据动态系统理论，行为表现不稳定时期通常是改变旧行为形成新行为的最好时机。

影响预后的因素包括疾病的种类、严重度及有无并发症。在疾病严重度中，除了各种疾病有其分类系统外，发育迟缓儿童可以根据发育年龄去预测其未来几个月可增加的发育能力。如一名生理年龄为 18 个月的幼儿，若其发育年龄是 12 个月，其发育商数为 66，假设发育速率不变，在 3 个月后，预估发育年龄可以增加 2 个月，据此估计制订其合理的长期目标。

此外，每一种疾病自然的病程及病史也可以提供参考，文献中治疗的疗效也是长期目标最可用的参考。有些障碍类别的发育史可以用来预估预后，如脑性瘫痪儿童多大可以坐、爬，可以预估将来可否行走，脑性瘫痪儿童的粗大动作功能分类系统等级（GMFCS）等级也可以作为未来独立行走的参考。唐氏综合征儿童是否有合并心脏缺损也与其行走功能的预后有关。

根据动态系统理论，在行为表现不稳定时期通常是改变至新行为的最好时机，因此目标行为的设定最好是配合功能性量表，并由主要照顾者指出其中儿童正尝试去执行或正改变执行方式或显示有兴趣但需大人协助才能完成的行为，并进一步与团队成员讨论后确定（Law et al., 1998）。

儿童显示有兴趣但需大人协助才能完成的行为群，称为维果茨基社会认知理论的"最近发育区"，为儿童在该时期容易学习、具有动机和继续成长的范围（Blascoe，2001）。如儿童显示要自己吃不要别人喂时，是训练自我进食的最好时机。

三、短期目标

为协助 IEP 的审查，同时为达成长期目标，长期目标可分为几个短期目标，短期目标需具体可测量，由长期目标转换成短期目标，大致可以根据以下几个指标：

（1）协助的程度：由重度、中度协助到轻度协助，口头提示或是监督等。

（2）工作分析：如为一个串连性任务，可由工作分析将长期目标分为几个阶段，设为短期目标。

（3）活动的难易度：如平衡能力，闭眼就比睁眼难，因此开始的短期目标可以是睁眼站 10 秒，然后才是闭眼站 10 秒。活动时所用的感觉或所需要的专注度，也就是双重任务等也与难易度有关。

（4）成功率或失败率：如成功率开始是 5 次有一次成功，到最后是 5 次中有 4 次成功，走路跌倒次数由 10 分钟跌倒 5 次减少至 1 次。

（5）空间参数：如走路的速度、步伐的长度等。

（6）时间参数：如跑 10 米需要的时间、走 10 米所花的时间，完成画 10 个圈所需要的时间，穿好衣服或洗好脸所需要的时间等，可以从一开始的一个短期目标 10 分钟完成，到最后短期目标 5 分钟内完成。

（7）姿势与动作形态：可根据动作形态的熟练度，如丢球由低手丢，至高手丢；或接球，由在胸前接球，至两手在空中接球。

（8）环境：包括环境的干扰度、情境变化、与工作的类化程度。此外，辅具协助程度如从用助行器至用前臂拐行走，都可以作为短期目标设定的参考。

（9）发育历程：根据发育历程，前一个短期目标必须是后面目标的基础，如"注视物体""东西在手上可抓握"等为"伸手去抓玩具"的基础。如"俯卧前臂支持"的能力为"俯卧以手支撑"能力的先备能力，后者又为"四足跪姿"能力的先备能力。

（10）能力学习阶层的层级，由低至高为：获得、流畅、维持、概化（Effgen，2005）。

短期目标评量方式可以是问答、直接测试、直接观察、作品呈现，或询问父母。另可使用形成性评量，以熟练的程度表示，如 1 = 100% 熟练，2 = 80% 熟练，3 = 60% 熟练，4 = 不到 50% 熟练。

以下举例来看长短期目标的设定。小明的情况如下所述：

（1）痉挛型双边麻痹的 3 岁大儿童，经评估粗大动作发育年龄为 9 ~ 11 个月，精细动作发育年龄为 18 ~ 24 个月，其他领域发育年龄为 18 ~ 24 个月。

（2）目前主要问题是无法自行由座椅用行走的方式移位至洗手间。从座椅至洗手间距离 30 米。

（3）目前能力：可以独坐、无法扶东西自行站起、可扶物体站超过 10 分钟及侧走 1 ~ 2 步，在被放在后推式两轮助行器时可走 5 米，速度为每分钟 3 米。

长期目标可以是"小明可由书桌前座椅自行扶书桌旁的助行器走到洗手间"。

用工作分析则将其分成 7 个短期目标：

短期目标 1：小明可自行将身体挪到椅子前面，4/5 成功。

短期目标 2：小明可以扶着助行器从坐姿站起来，4/5 成功。

短期目标 3：小明可自行由椅子扶着助行器站起并跨出二步，4/5 成功。

短期目标 4：小明可在 10 分钟内由座位扶助行器，在口头提示下走到洗手间。

短期目标 5：小明可在 8 分钟内独立由座位扶助行器走到洗手间。

短期目标 6：小明可在 5 分钟内独立由座位扶助行器走到洗手间。

四、目标达成量表的运用

King 等人提出以目标达成量表来评量儿童在学校接受治疗后进步的情形，因为此量表的使用方式是依照儿童个别功能状况拟订治疗目标，并且以五分量表方式具体描述可能进步的情形，定期评估时，可以显示个案功能进步的情形。在复健治疗方面，目标达成量表也被用来评量动作迟缓儿童接受治疗后进步的情形（Palisano et al.，1992；Stephens & Haley，1991）。

目标达成量表的架构是，每一个治疗目标都要填写五个分目标，其中：

□ -2 分代表个案目前在这个目标的表现状况。

□ -1 分目标代表于预计时间无法达成预期目标，但比原先状况进步的情形。

□ 0 分目标代表预期希望达成的治疗目标。

□ +1 分目标则是超过预期治疗目标的表现。

□ +2 分目标则是儿童在预计时间会可能有的最佳表现。

King 与 McDougall 等人指出一般使用目标达成量表的主要问题包括（King et al.，1999）：

（1）目标书写过于一般性。

（2）书写目标过于技术性，无功能性。

（3）目标的改变变项过多，如同时有协助程度与困难度两变项改变。

（4）各层级目标间难度差异不一致。

（5）与临床无关或是不实际的目标。

第五节　儿童个案范例

这是一位 7 岁 6 个月痉挛型双边麻痹儿童的再评估资料，父母最大的期望是走路尽量正常。他于 1 岁 1 个月开始接受物理治疗。

儿童物理治疗评估表

姓名：<u>陈××</u>　　　　　诊断：<u>脑性瘫痪（痉挛型双边麻痹）</u>

生日：<u>　　　　　　</u>　　　　年龄：<u>　7岁6个月　</u>

物理治疗起始时间：<u>　1岁1个月　</u>

出生史：

怀孕周数：<u>　28周　</u>　　胎次：<u>　G2P2　</u>　　出生体重：<u>　1 120克　</u>

可能造成发育障碍原因：<u>　早产　</u>

疾病史：<u>　气喘　</u>

治疗史：<u>　1岁1个月开始接受物理治疗；6岁6个月双侧髋内缩肌、肌腱延长术　</u>

目前是否使用药物：□否，□是；药物名称及作用：<u>　　　　　　　　　　　　　　　</u>

达成发育里程碑年龄（月）：

头部控制<u>　7个月　</u>　　翻身<u>　7个月　</u>　　独坐<u>　3岁　</u>　　贴地爬<u>　8个月　</u>

离地爬<u>　2岁4个月　</u>　　行走（5步）<u>　6岁　</u>　　说话（5个单字）<u>　1岁　</u>

家属的期待：<u>　走路尽量正常　</u>

评估：

1. 环境障碍和整合：整体而言，无显著环境硬件障碍。家有两层楼，房间在二楼，目前可双手扶栏杆上下楼梯。上一般学校普通班，成绩中等。上下学用轮椅从校门口推到教室，教室在二楼，可搭电梯，在学校内主要以助行器独立行走。

2. 辅具需求与使用：有踝关节固定式的AFO。在家不使用助行辅具，在学校有轮椅和助行器（四轮）。

3. 家中或社区活动的执行与参与：

   （1）日常生活自理：可自己使用高度合适的马桶上厕所，使用蹲式厕所要家人扶；自己擦屁股但擦不干净，还需别人帮忙；也需别人帮忙把衣服穿整齐；会自己洗澡、刷牙，但洗不干净；会自己穿脱套头的衣服和鞋袜，但动作慢，约需半个小时才能完成。

   （2）学校活动有参与，但受限肢体，部分活动受限：目前就读于小学二年级普通班，体育课没有跟同学一起上，虽然喜欢跑步，但只能在一旁坐着看。

   （3）课后户外活动受限：室外活动可由妈妈或奶奶牵一手走，但即使牵一手踏上小台阶时仍非常费力。

   （4）较少执行居家复健：下午上辅导班写完作业约八点才会回家，因课业繁忙，居家复健较少执行。

4. 动作控制、协调与学习：

   （1）移动功能：①行走功能：在家中可独自行走，偶尔需扶墙或桌子。可不需要手扶站两分钟、走10米，但偶尔还是需要稍微扶一下以维持平衡，且无法在突然停下时维持稳定站姿。行走速度（独立行走/使用助行器）：42.8/63.2（米/分）。②上下楼梯：爬楼梯需要双手扶栏杆，或一手扶栏杆一手牵着大人，可使用交替步伐上下楼梯。③转位：从地板上站起来需要三四次才能成功；可不扶从椅子上站起，但因右脚摆位不良（髋内缩/内转），因此站起来很困难且容易跌坐回椅子上。

   （2）姿势与步态：站立时，驼背且脊椎侧弯，身体右倾，右脚髋膝屈曲、髋内转；行走屈膝步态。

   （3）姿势控制：缺乏髋策略与跨步反应，且动态（坐到站、行走）、静态（独立站姿）、预期性（轻推）、适应性（站软垫）姿势控制能力也不好，失去平衡时若没有及时扶住便会跌倒。

5. 警觉性、注意力、认知、行为：

　　（1）专注力：做运动时若家人在一旁则很容易分心、注意力不集中。

　　（2）合作度：配合度高，可配合治疗师的要求做治疗，或和其他小朋友一起玩。

6. 体适能（包含身体组成、心肺耐力、肌力与肌耐力、柔软度等）：

　　（1）柔软度：膝腘角右脚 80 度、左脚 70 度有阻力，SLR 左脚约 45 度、右脚约 40 度。

　　（2）肌力与肌耐力：躯干伸直肌、左侧躯干侧屈肌、下肢肌力与肌耐力不足（双侧髋外展肌、伸肌一

　　　　可，髋屈肌：良，膝伸肌右 / 左：可 + / 良，踝跖屈肌：差）。

7. 身体机能构造（包含关节角度、关节与姿势变形、感觉知觉、肌张力等）：

　　（1）肌张力：两侧下肢张力高（踝跖屈肌 MAS 中度高张力，后腱肌 MAS 轻高张力），尤其右脚髋

　　　　膝屈曲肌、髋内转肌动态高张力。

　　（2）姿势变形：脊椎侧弯（凸边向左）、骨盆向左偏移、髂嵴左边比右边高。

8. 其他（如发育评估、职前评估）：84/10/29（7Y6M）GMFM-88: 总量表 76.4%、站向度 9.2%、

　　走向度 41.7%。

9. 相关福利服务（残障手册、发育迟缓证明等）：不需＿＿＿＿　已具备＿√＿＿　需要＿＿＿＿

功能诊断（主要问题）：

spastic CP，GMFCS Ⅱ－Ⅲ，功能性移动能力不足

1. 移动能力：

　　√上下学由校门至教室需别人协助推轮椅。

　　　主要原因：助行器无法寄放在门卫室。

　　√从地板站起来费力且困难（1/5 成功）。

　　　主要原因：躯干伸直肌、下肢肌力不足、右脚摆位不良（右脚内收、内转），且动态平衡控制能力不好。

　　√室内独立行走时速度慢，常需扶家具，偶尔会跌倒。

　　　主要原因：平衡能力不佳，髋策略和跨步反应不足，且动静态、适应性、反应性姿势控制能力不好。

　　√户外活动受限，出外都需大人牵。

　　　主要原因：家人不放心他自行在外行走。

2. 站姿不良，无法维持直立站姿，有右侧髋关节脱位危险性。

　　　主要原因：脊椎侧弯（凸边向左）、右脚屈曲、内转（半腱肌、半膜肌太紧），且躯干伸直肌与右

　　　下肢肌力不足。

3. 学校体育课无参与。

　　　主要原因：老师认为他无法参与。

4. 身体活动及自行训练机会少。

　　　主要原因：功课压力大，时间不够，个案动机不强。

问题与讨论

1. 讨论本章中个案范例的长短期目标及训练策略。
2. 为障碍儿童所提供的教育安置可分为哪 4 个阶段？其中融合教育的相关专业人员服务方式又分为哪 4 种？其代表意义为何？
3. 请简述在教育系统下，物理治疗师的专业角色。
4. 请简介建议转介给学校系统物理治疗师的学生特色。
5. 请简述物理治疗师在学校可提供的服务内容。
6. 请简述"整合式治疗"的优点。
7. 请简述"干预策略—咨询方法与沟通形式"模式中的干预策略与咨询方式。
8. 请描绘在 IEP 中专业咨询的流程图。
9. 请简述拟订 IEP 长期目标的依据以及拟订短期目标的指标。

健康情形

G80.1（痉挛型双边麻痹）

身体功能与构造

1. 下肢柔软度不足。
2. 躯干与下肢肌力与肌耐力不足。
3. 姿势与步态异常：站立时，驼背且脊椎侧弯，身体右倾，右脚髋膝屈曲、髋内转；行走屈膝步态。
4. 下肢中度高肌张力。
5. 姿势控制不足。
6. 脊椎侧弯（凸边向左）。

活动

1. 认知：正常范围，普通班功课中等。
2. 沟通：理解与表达正常范围。
3. 行动：
   （1）在家中可独自行走 10 米，但偶尔需扶墙或桌子。
   （2）上下楼梯需要双手扶栏杆。
   （3）户外行走以助行器行走须监督。
4. GMFM-88：站向度 69.2%、走向度 41.7%。

参与

1. 日常生活自理部分独立。
2. 除体育课，参与学校所有活动。虽然喜欢跑步，但体育课只能在一旁坐着看。
3. 学校内主要以助行器独立行走；上下学需要别人用轮椅协助从校门口推到教室。
4. 课后户外活动受限，室外活动需由大人牵一手。

环境因素

1. 主要照顾者为妈妈与奶奶。
2. 整体而言，无显著环境硬件障碍。
3. 学校教室在二楼，有电梯。
4. 个人辅具：有踝关节固定式的 AFO。在学校有轮椅和四轮助行器。学校门卫室无法寄放助行器。
5. 父母最大的期望是走路尽量正常。

个人因素

1. 男，7 岁 6 个月。
2. 合作度高。
3. 就读一般学校二年级普通班。

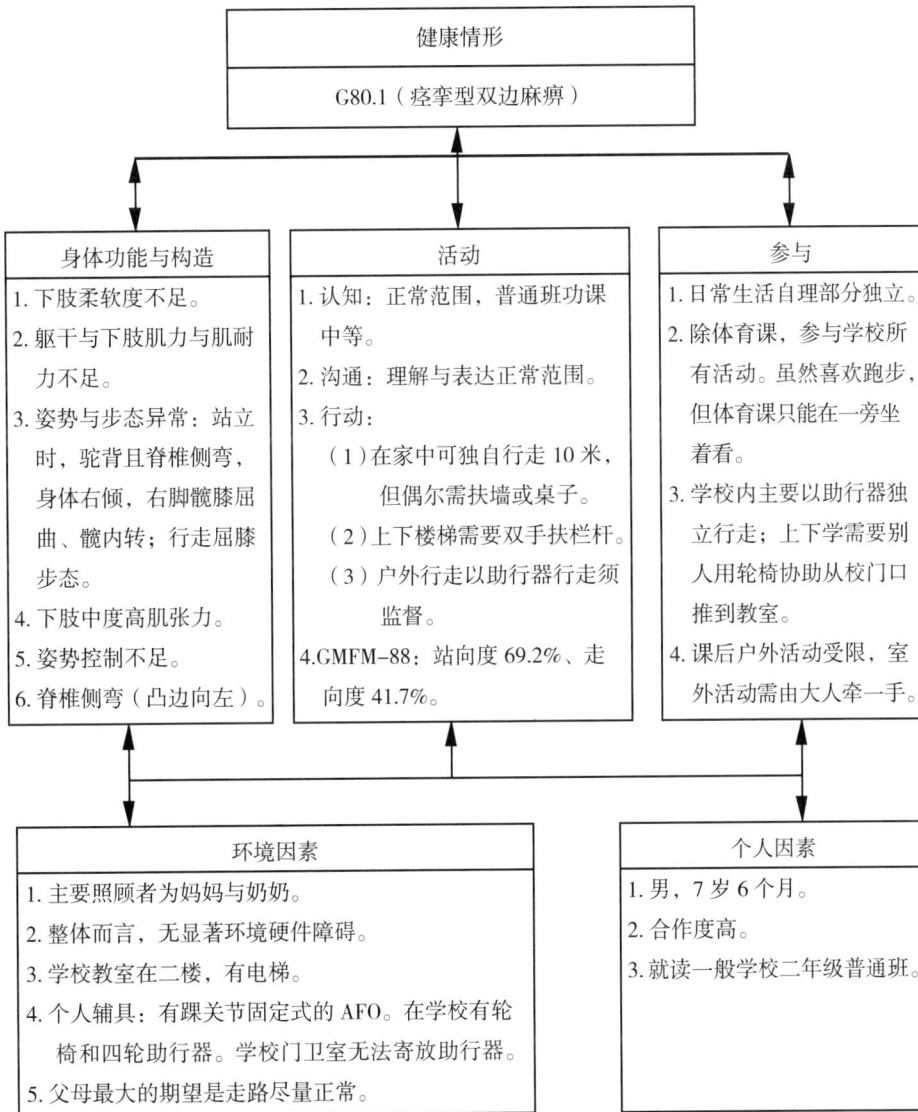

图 1-4　陈 × × ICF-CY 功能剖面图

第二章

儿童辅助科技

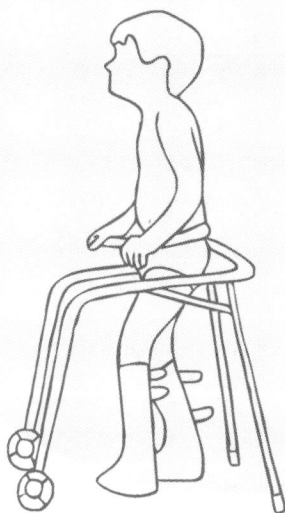

第一节　辅助科技的定义、目的及注意事项

美国公众法案 105-17 对辅助科技（Assistive Technology）或辅具定义为：经过设计、制作或改造的工具、设备或产品，以提升或维持身心障碍儿童功能（Lunnen，1999）。2010 年中国台湾相关经济部门标准局公告的国际辅具分类标准 ISO 9999 将辅具定义为"辅助生活的便利品，也就是产品与科技，包含硬件、软件与耗材；但不涵盖植入式的产品与科技。因此，一般人常用的眼镜就是辅具之一，包含身心障碍者使用的辅具及需要他人辅助操作的辅具"，其分类原则是以辅具使用者利用辅具来执行的"主要任务功能"来归类。而 2010 年修正的"身心障碍者医疗及辅助器具费用补助办法"第 20 条定义："辅助器具系指协助身心障碍者克服生理机能障碍，促进生活自理能力的器具。"美国公众法案 100-407 和"身心障碍教育法案"对辅助科技服务的定义如下：指任何直接协助身心障碍者选择、获得或使用辅具的服务。其内容包括：①身心障碍者的辅具需求评估；②协助身心障碍者取得辅具；③选择、设计、试用、量身定制、适应、应用、维持、修理或更换辅助器具；④协调与辅具相关的治疗或服务；⑤训练个案使用辅具（Kravik，2001；Cook & Hussey，2002）。

以"国际健康功能与身心障碍分类系统"（ICF）架构来看，辅助科技可视为通过环境因素来增进儿童的身体功能、活动与参与（O'Shea et al.，2006；Kirby，2002；WHO，2001，2007）。"人—活动—辅助科技模式"（Human Activity Assistive Technology Model，HAAT 模式）（Farmer，2003）是库克（Cook）和赫西（Hussey）（2002）修改贝利（Bailey）的"人的表现模型"（Human Performance Model）而成，强调身心障碍者可凭借辅助科技增进其生活情境中的活动，此模式能提供辅助科技服务者一个清楚且具有逻辑的思考模式，以提升服务质量。HAAT 主要考虑四个成分，即人（身心障碍者）、活动、生活情境与辅助科技。人即为内部启能器，包括个人的感觉输入、中枢处理，及动作输出器；动作输出器包括沟通、移动与手部操作。活动界定使用辅助科技的整体目标，可分为生活自理、就业／就学、休闲娱乐三大领域。生活情境（环境）是活动执行的地点与情况，包括场所，如学校、家、社区或工作场所的物理环境；相关的任务，执行任务的规则与限制（如要在 20 分钟内完成家庭作业，不能在教室内说话），正确的程度等，物理因素（光线、声音），以及社会文化的情境（如是否需跟人互动）。辅助科技即为外部启能器，包括硬软件。硬件包括：①人—辅具界面（如特殊键盘、摆位辅具、语音合成器）；②处理器（如电脑）；

③活动产出器（如发出语音、产生动作、操弄物体）；④环境界面以提供辅具与环境的联结（如感觉侦测器）。软件指辅助科技使用的教导、训练（Cook & Hussey，2002）。

过去对辅具的使用倾向补偿哲学，确定儿童无法发育出某种能力才用辅具协助功能；目前倾向 ICF 模式，同时由环境与个体因素着手，如：对移动障碍儿童，在训练移动能力相关的身体功能外，也通过提供移位辅具来训练其操作移位辅具的能力与动机，以增进儿童移动独立性，并进而加强社会参与。研究证实主动移位能力可以增强动物视知觉功能（Held & Hein，1963）；电动移位辅具可以加强肢体障碍儿童自我主动行为（Butler，1986），因此目前幼儿电动移位辅具，不仅可当补偿用，亦可当早期训练工具，更是协助儿童主动参与的有效工具（Kravik，2001；Wiart & Darrah，2002）。

借由辅助科技提升或维持功能，或防止次发性并发症，或减少协助程度的儿童，皆是辅助科技服务的对象。辅助科技可以使儿童在生活环境中的功能更独立或更减少依赖，包括运动功能、沟通功能、认知功能、生活自理和心理状况，并改善儿童及家人生活质量；辅具也可为治疗延伸，使治疗的效果可以持续或加强；辅具尚可协助照顾者对身心障碍儿童的生活照顾，如洗澡辅具、特殊推车（Swinth，1998）。

根据美国 1997 年的资料显示，辅具使用有随着年代而增加的趋势；各类辅具中，以移动辅具使用最多，全美约 700 万人使用辅助科技以增加移动功能；年龄越大，辅具使用越多（Russell & Hendershot，1997）。2 ~ 8 岁脑性瘫痪儿童的辅助科技使用情况，以严重度越高者使用比例较高，如：粗大动作功能分类系统（Gross Motor Funcional Classification System，GMFCS）分级Ⅳ - Ⅴ 者有 80% 使用辅具（Ostensjo & Carlberg，2005）。

辅助科技范围涵盖广泛，可由简单的适应性开关至复杂的计算机科技，根据特征，可有不同角度的分类，包括：辅具科技相对于复健科技或教育科技，极小到极大科技，低阶科技到高阶科技，一般科技相对于特殊科技，硬件科技相对于软件科技，商用科技相对于客制化的科技，设备相对于器具（Cook & Hussey，2002）。也可依辅具功能与使用者间的互动程度，分为个人辅具、环境控制辅具与无障碍环境设计等（陈昭莹，2003）。根据国际辅具分类标准 ISO-9999 辅具分类系统分成三个层次，分别为"大类""次类"及"细类"。每一大类、次类或细类皆有一个代码及一个标题。详见表 2-1，并可至辅具资源网查询。

表 2-1 辅具大类代码与说明

大类代码	名称	说明
04	个人医疗辅具	用以改善、监测或维持个人医疗状态的辅具；排除仅为健康照护专业人员才能使用的辅具。
05	技能训练辅具	用以改善个人身、心及社会能力的装置。关于非完全训练用的功能装置，虽也可用于训练，但仍应依其主要功能分类。
06	矫具与义具	为体外使用的辅助装置，用于矫正神经、肌肉与骨骼系统的构造与功能的特性；义具或义具装置为体外使用的装置，用来替代部分或全部缺失或缺损的身体部位。包括有身体驱动和外力驱动的外部矫具、义具、美观义具及矫正鞋。但排除体内义具。
09	个人照顾与保护辅具	包括穿脱衣物、保护身体、个人卫生、气切术、造口术与大小便失禁照顾、测量个人身体和生理特性以及性爱活动用的辅具。
12	个人行动辅具	增进行动功能的辅具。
15	居家生活辅、具住家及其他场所之家具	增进居家生活功能的辅具。
18	与改造组件	包括休息及／或工作用的家具（有或无万向轮）与其配件（附件），与适合居住、职业与教育的处所的家具与辅具。
22	沟通与信息辅具	辅助接收、传送、产生及／或处理不同形态的资讯的装置。包括用以看、听、读、写、使用电话、信号与警示的装置以及信息技术。
24	物品与装置处理辅具	处理物品与装置的辅具，如遥控辅具、固定物品用辅具、携带与运送物品用辅具、起重机等。
27	工具、机器与环境改善辅具	手动工具与动力机器，以及辅助改善个人日常生活环境的装置与设备。排除用于改善全球环境的设备。
30	休闲辅具	作为游戏、嗜好、运动和其他休闲活动用的装置。

辅具应用于早期干预注意要点（Wilson & Howle，1999）：

（1）应经由辅具专业团队人员的评估、建议与指导使用。

（2）避免过度使用。过度使用辅具会剥夺儿童与别人自然互动的机会，妨碍其进一步学习或发育；过度使用静态辅具可能使儿童的发育迟滞，也可能造成骨骼系统并发症。

（3）应随儿童生长、发育与功能的改变而调整辅具的尺寸、附件与种类。

（4）应与治疗合并使用，辅具绝对不能取代治疗。

（5）辅具应用能否成功在于家人或照顾者与儿童对此辅具能否接受，辅具的使用是否造成照顾者太大负担，儿童使用过程中能否得到乐趣与成就感。

（6）为顾及儿童自我形象的发育，辅具宜美观、不突兀；若一般婴儿用具便可达成治疗目的，就不需要使用特殊辅具。

对辅具的应用应有全盘规划，专业团队人员应评估儿童状况后，提供设计适合儿童的辅具，并指导正确使用。除了在机构中进行辅具评估、制作与指导外，治疗师常需到儿童家中或学校，给予环境修改建议，如：浴室防滑、厕所加扶手、加斜坡、走道加扶手、去除移动的地垫或不平的地面楼梯或阶梯加防滑条、加电动升降箱等。本章将着重介绍个人辅具。此外，为符合促进健康与ICF精神，强调环境对功能的影响，本章也介绍一般儿童的用具与玩具。

第二节　辅助科技的团队

由于科技进步，人道主义之兴起，商品化辅具种类越来越多，但由于每位身心障碍儿童的需求不一，因此大部分辅具都需要修改或个别设计、制作与教导使用。根据辅具服务流程，在辅具的评估、设计、选择、制造与训练过程当中（图2-1），需要多种专业人员的合作（图2-2）。辅助科技团队成员的组成根据辅具需求不同而有所不同。团队成员中，最重要的是使用者，也就是儿童及其家人。在以家庭为中心的干预模式里，需让儿童及其家人参与治疗目标设定的决策过程，以确定治疗目标能够达成，且对儿童及其家人是有意义的。核心团队成员为经过训练且对于辅助科技有经验者。在移位、摆位、沟通及日常生活辅具服务中的核心团队成员，包括：物理治疗师、语言治疗师、医务人员及辅助科技供应者。在辅具核心团队外，还包括教育系统的老师、行政人员、临床心理师、职业咨询师或在学校系统中服务该儿童的治疗师。医疗系统的相关团队成员主要负责关节挛缩、畸形、褥疮、大小便失禁、儿童自我伤害或安全问题及视觉、听觉等感觉障碍的评估与治疗。经费是影响辅助科技使用的重要因素，因此与经费来源相关的社工人员或慈善团体等也应包含在辅具团队成员当中。为使辅助科技能有效地增加儿童及家人的社会参与度，团队中便需要有与交通运输及建筑设施等相关的专业人员（O'Shea et al.，2006）。

```
        ╭─────────────╮
       (   辅具申请    )
        ╰──────┬──────╯
               ↓
   ╭───────────────────────╮
   │       收集基本资料       │
   ╰───────────┬───────────╯
               ↓
   ┌───────────────────────┐
   │   了解个案及照顾者需要    │
   └───────────┬───────────┘
               ↓
   ┌───────────────────────┐
   │       建立可行目标       │
   └───────────┬───────────┘
               ↓
   ┌───────────────────────┐
   │  依据辅具需求进行相关评估  │
   └───────────┬───────────┘
               ↓
   ┌───────────────────────┐
   │   拟订工作流程及干预计划   │
   └───────────┬───────────┘
               ↓
   ┌───────────────────────┐
   │  辅具制作，寻求经费补助    │
   └───────────┬───────────┘
               ↓
   ┌───────────────────────┐
   │       辅具使用训练       │
   └───────────┬───────────┘
               ↓
   ┌───────────────────────┐
   │        后续追踪         │
   └───────────┬───────────┘
               ↓
        ╭─────────────╮
       (    结案       )
        ╰─────────────╯
```

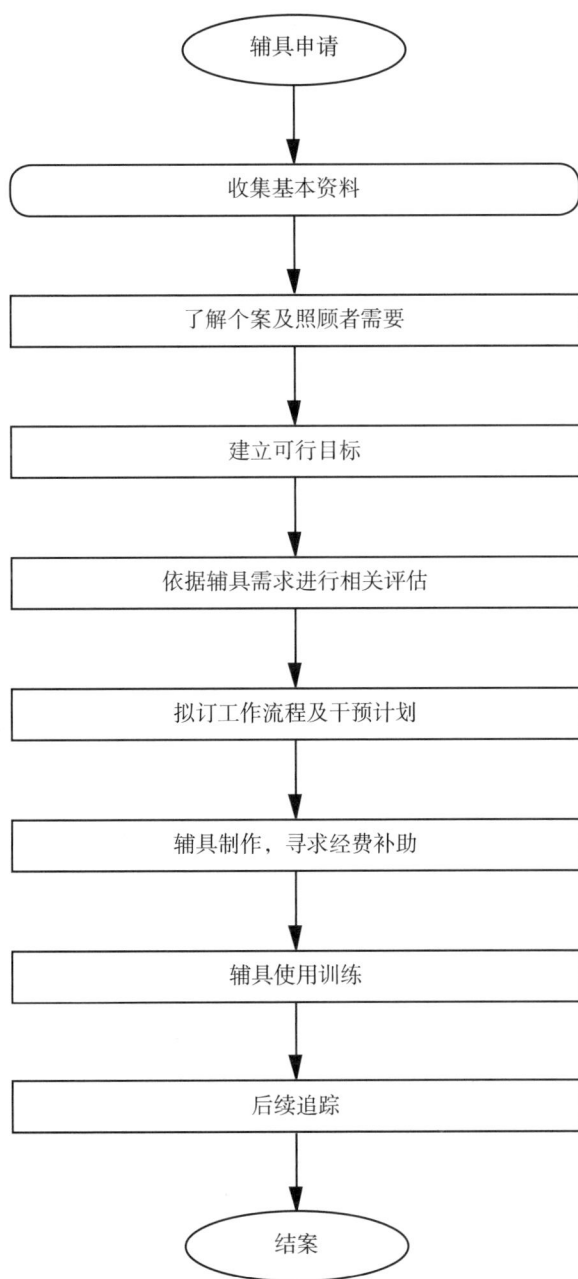

图 2-1　辅具服务流程图

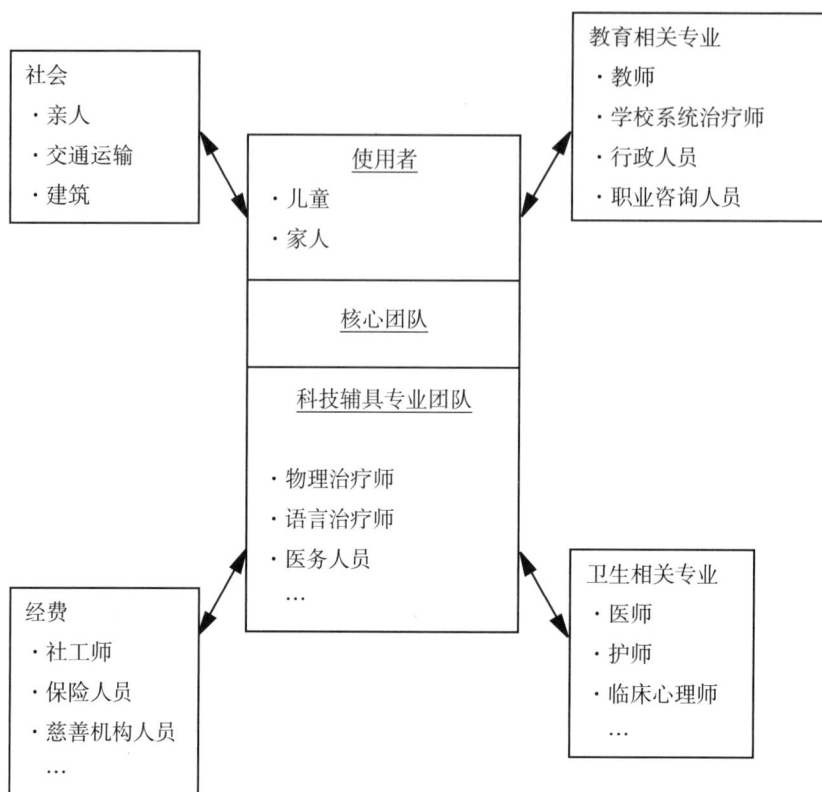

图 2-2　辅助科技团队（修改自 O'Shea et al., 2006）

第三节　辅助科技的评估

要如何确定个案需要何种辅具呢？辅具评估可以根据系统模式，分析使用者、辅具与环境三个系统来进行（表 2-2）（叶弘毅，1999）或 HAAT 模式，加上活动的分析（Cook & Hussey，2002）。首先必须了解儿童及家人的需求，以及个案的长短期治疗目标。其次要能对儿童及其生活环境进行详细评估。在使用者（儿童）评估方面，要测量其身体功能与构造并评估其动作、认知与社会情绪的发育与功能及其环境互动的情形与需求；环境评估需进行儿童生活场所的评估。

表 2-2　分析辅助科技需求的系统模式中三个系统的各个变量

系统	变量
使用者	年龄、障碍类别、身体功能与构造（感官知觉）、认知能力、动作能力、活动能力、经济能力、社会情绪发育、需求
环境	执行的环境软硬件设施，如父母、家人或老师、空间、作息时间、法规、社会态度
辅具	需求辅具的种类、辅具使用训练期、辅具修改、环境改造、辅具价格、大小及外观、维修及保养

使用者评估结果可协助辅具的选择与设计，如在功能评估方面，可以借助"儿童能力评估量表"（Pediatric Evaluation of Disability Inventory，PEDI）（Haley et al.，1998），再根据儿童的身体功能与构造选择与设计辅具。儿童认知表现在使用辅助科技时，扮演了一项重要的角色（Cook et al.，1992），了解儿童生活活动的表现与需求；使用"学校功能评估"（School Function Assessment，SFA），了解儿童在学校的表现与需求（Coster et al.，2002）。有关认知发育请参考皮亚杰的理论，符号表征的技能是不可缺的解决问题的认知功能，皮亚杰认为该能力出现于前运算期，然而，最近的研究显示，六个月大的婴儿可由观察及物体操弄发育出符号表征。此外，幼年期的物体操作与工具使用对辅助科技的运用特别重要，表2-3摘要了幼儿的重要技能，因此辅助科技可以成功地被用在婴幼儿身上。有关前运算期儿童特质以及运用辅具科技的例子，列于表2-4（Cook & Hussey，2002）。此外，尚可根据儿童探索环境的动机，来决定是否提供移位辅具，根据手部动作功能来决定适应性开关种类，根据儿童上肢的肌力与能量消耗来决定是选手推或电动的移位辅具；根据躯干控制能力、肌肉张力与原始张力反射之有无等因素来决定摆位辅具种类与倾斜角度等。

表2-3　儿童在认知感觉动作期（0～2岁）的物体操弄与工具使用

发育年龄 / 月	动作
5	停顿后会重新启动熟悉的游戏
6	会寻找看不到或是被藏起来的物件
6	模仿新的身体动作
8	丢掉手中物件再取另外一个物件
8～9	移动身体以取得伸手不及的物件
12	未经示范，会拉住绳子以取得想要的物件
12～14	容器太小手无法伸入时，会用倾倒的方式以获得容器中的物品
12～15	会抓住其他人启动的电动玩具
15～18	能使用工具作为身体的延展部位去取得物件
19～20	期待行为的结果，并依照结果与状况改变自己的行动
21	未经示范，自行尝试启动电动玩具
22	可以预测手段与结果间的关系，并能运用手段去行动

（Cook & Hussey，2002）

表 2-4　影响辅助科技使用的认知前运算期的儿童特质

认知特质	辅助科技的运用与影响
符号表征	扩大沟通，将语言概念使用于器具的控制
序列	多种符号沟通，多层次步骤系统控制辅具
中心思考	儿童可能只专注于辅具的颜色、体积或形状，而非辅具的功能
泛灵观	给予辅具一个人性化的名字
游戏等同现实	可以用例行游戏活动完成功能性目标

（Cook & Hussey，2002）

　　情境（环境）评估应包含儿童目前与预期生活场所，可能是家、托儿所、学校或这些场所的组合（Kravik，2001）。对在托儿所的儿童，在进行器材选择及放置、摆位、执行策略时，若能考虑所有托儿所儿童，将有助于其社会互动。在团体活动时，所有的儿童都有机会使用该辅助器材，而非仅限于接受干预服务的儿童，如计算机、适应性玩具（Kravik，2001）。对居家环境的评估，治疗师必须了解儿童所住的是平房还是楼房，在郊区或市区，进出是否有障碍，有多少间房间，房间与通道有多大；给予的辅具能否在家中使用；当辅具暂时不用时，家中是否有足够的储藏空间等。此外，治疗师也必须了解儿童外出使用交通工具情况。对学校环境评估，要注意普通班的老师能不能接受儿童在学校中使用辅具。除了不了解辅具的重要性外，辅具会占用教室空间，没有人力可以帮忙使用辅具，使用辅具的儿童明显地不同于其他儿童，可能因此造成同伴的排挤，以及辅具可能伤害到其他儿童等，都是老师可能拒用的因素。因此专业人员必须与老师或学校行政人员充分沟通。

　　在学校中常用的辅具，除了跟教学相关的计算机键盘、沟通板外，摆位方面辅具需求较多，如特殊坐椅，轮椅的桌面、站姿或地板摆位辅具、轮椅坐椅的修改与设计、制作；一般学校桌椅的修改也常是服务项目。治疗师要知道常用的辅具的价格，以作为儿童家人选择辅具的参考。

　　活动评估方面，评估者应了解，个人的活动表现是决定于个人完整的生命角色，个人生命角色会由个人的表现来影响活动，借由确认个人所拥有各种不同的生命角色和这些角色的关系，活动和工作就可以被定义出来。借由确认生命的角色，个人也可以决定其活动的优先次序。可以将目标活动分成较小的工作或行动来一一评估。例如，付账的活动通常包括一系列的工作，如打开账单、查看账单的金额、在支票上写合理的金额、把邮票贴在信封上、将信封放进邮筒中。上述所列出来的工作清单，需要的技能包括精细动作的熟练度、视觉的敏锐度、读写能力、做决定与移动能力等。辅助科技专业人员可评估个人是否拥有该活动必需的技巧和能力，或者必须使用其他的替代方法（Cook & Hussey，2002）。

第四节　摆位辅具

摆位辅具编码为 09 07，个人照顾与保护辅具－固定身体辅具（非穿戴于身上）。需摆位辅具的儿童包括：①无独立移动能力者；②无法持续维持良好姿势以从事功能性或学习性活动者；③需借由摆位辅具预防次发性并发症者。

摆位辅具除了现有辅具外，也可适当改装个案现有学校课桌椅。由于摆位辅具大都体积庞大，因此购买前要先考虑置放的空间够不够；若需要摆位辅具的儿童无法自行移动，要考虑谁可以帮助儿童移至或离开摆位辅具，及其主要治疗目标为何；并注意环境安排，使儿童在摆位姿势下可以增进参与。

对大部分的直立摆位辅具来讲，通常会要求有适度的头部及颈部转动活动度，以保持在头部及躯干正中的位置；髋关节与膝关节通常需有屈曲 90 度的活动度，以维持功能性的坐姿；而踝关节要有背屈 0 度，以维持站姿。辅具能不能有好的成果，又与儿童的感知觉、认知、社会情绪功能有关系。

一、正确摆位的原则

选择或使用正确的摆位姿势或摆位辅具原则如下：

（1）儿童在摆位姿势中且有安全感。

（2）确认儿童在摆位姿势中功能较好。

（3）避免患儿在固定姿势维持太久（廖华芳等，1995）。

（4）避免不正常姿势或不正常反射动作。

（5）姿势尽量对称。

二、摆位辅具种类

摆位辅具根据其目的分为：①姿势控制和机能缺损处理的摆位系统；②压力处理的摆位系统；③舒适考量和姿势调整功能的摆位系统（Cook & Hussey，2002）。如趴姿、侧躺、站姿等摆位辅具对重度身心障碍儿童具有预防痰液堆积、骨质疏松等积极功效；对于已有变形或脊柱侧弯的儿童，则可利用量身定制的坐垫与背靠，以增加坐时舒适性及改善压疮问题。若依姿势可分为仰姿、侧卧姿、趴姿、坐姿与站姿类摆位辅具。对无法移动的儿童更需要选取几种适合姿势，轮流更换。

三、站姿辅具

站姿辅具的适用对象为无法独立站立，需借由站姿辅具以促进下肢载重、预防屈曲肌挛缩及行走前准备者。通常于 1 岁左右开始考虑提供。

站姿辅具的目的包括：

（1）增加下肢载重，以预防骨质疏松症；然而主动载重的成效较好。

（2）预防屈曲挛缩，尤其是下肢。

（3）增强抗地心的肌耐力。

（4）促进消化功能。

（5）将儿童架高在直立的姿势，可以增进其与同伴互动与参与。

（6）在直立的姿势上可以促进躯干的动作控制。

站姿辅具的种类包括仰式站立架、趴式站立架、直立站立架与站立箱等。

（一）仰式站立架

适用于重度、无头部控制能力的儿童，可协助达到直立姿势及下肢载重的目的，或治疗目标为促进躯干屈肌肌力时。儿童下肢载重的程度与支持板的倾斜度有关（图 2-3）。仰式站立架似倾斜床，固定儿童的躯干、髋关节、膝关节于伸直的姿势。

图 2-3　仰式站立架（引用自联兴仪器，2003）

（二）趴式站立架

趴式站立架最为常见，常用于增进头颈躯干伸肌肌力与肌耐力。如图 2-4 所示，其在身体的前方（腹面）提供支持，并常在膝关节附加了束缚固定带，适用于头部控制尚可，然上半身躯干控制仍差的儿童。根据儿童的忍受度与治疗目标，可调整倾斜度，并随着儿童上半身控制的增加而逐渐减少对躯干的支撑（Aubert，2008）。

在近乎垂直直立姿势时，儿童下肢几乎完全承重，然而头部或躯干伸直所需力量较少。若趴式站立架的角度逐渐趋于水平，下肢载重力逐渐减少，然而上半身所需的伸直肌力将会提高。若要利用趴式站立架来增加儿童上肢的支撑能力，可在趴式站立架倾斜度与水平面呈夹角的状况下，让儿童用上肢承重，以进行如地板上双手承重或载重转移等活动。

（三）直立站立架

辅具支撑部位主要是下半身，通常用于手与躯干控制较好但仍无法独自站立的儿童（图 2-5）。若儿童认知与下肢肌力功能到某程度，可用膝副木（gaiter）取代直立站立架，使个案的主动载重的机会增多，成效更好。

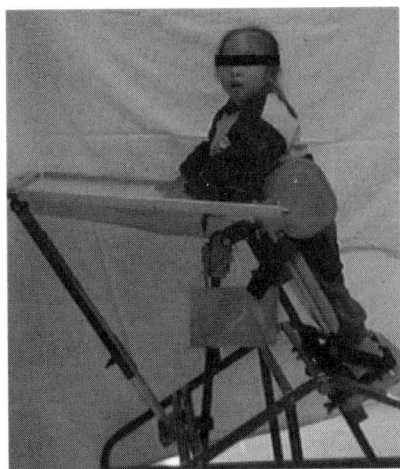

图 2-4　趴式站立架

图 2-5　直立站立架

（引用自联兴仪器，2003）

（四）站立箱

站立箱通常用于下肢有完全承重力量，但平衡功能尚有缺陷的儿童，亦可用于提供多动儿童的安全静态站立环境。

（五）站立配件

膝副木可协助膝关节保持伸直（图 2-6），较幼小儿童，用一般的杂志卷起来以丝袜绑在膝关节上下，即可以变成膝副木的替代品。对于有膝关节屈曲肌严重挛缩者，使用膝副木时应在膝窝处加垫，以预防胫骨脱位。对于有髋关节内缩肌高张的儿童，可加上膝部外展器。若脚无法固定于正确姿势，如呈踮脚尖或内翻异常姿势，可以用脚踝绑带或踝足装具。此外，也可以使用骨盆带或躯干侧边的支持物，协助髋部伸直及躯干对称的姿势。如前一再强调，儿童在站立姿势时最好使他能与同伴互动或能进行有目的的活动，所以一定要有桌面或是合适高度及倾斜度的桌子。

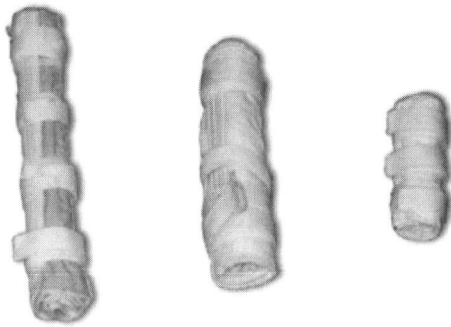

图 2-6　膝副木

四、坐姿辅具

坐姿是下半身均衡载重与眼手活动的基础，也为儿童进食、桌面游戏与学习最常姿势。特殊座椅可分两部分，一是座椅系统，另一是座椅的支持基座。考虑座椅系统时，一般原则会根据三类坐能力（表 2-5）（Bergen et al., 1990；Cook & Hussey, 2002；O'Shea et al., 2006），但仍必须依据其他因素并经团队决定。

表 2-5　各类坐能力儿童及其座椅系统需求

坐能力	座椅系统需求
独坐者	一般平面型座椅
以手支撑坐者	体适型座椅
无法坐者	量身定制椅

（1）独坐者，指可以空出双手来进行任何活动者，座椅系统设计主要是为了具活动性、稳定的支撑底座及舒适感，使用一般平面型的座椅即可。

（2）以手支撑坐者，指需自己用单手或双手支撑以维持坐姿者，座椅系统乃设计以提供骨盆或躯干支撑，使其双手空出来执行功能性活动，通常为体适型椅，图 2-7A 即为体适型椅坐垫。

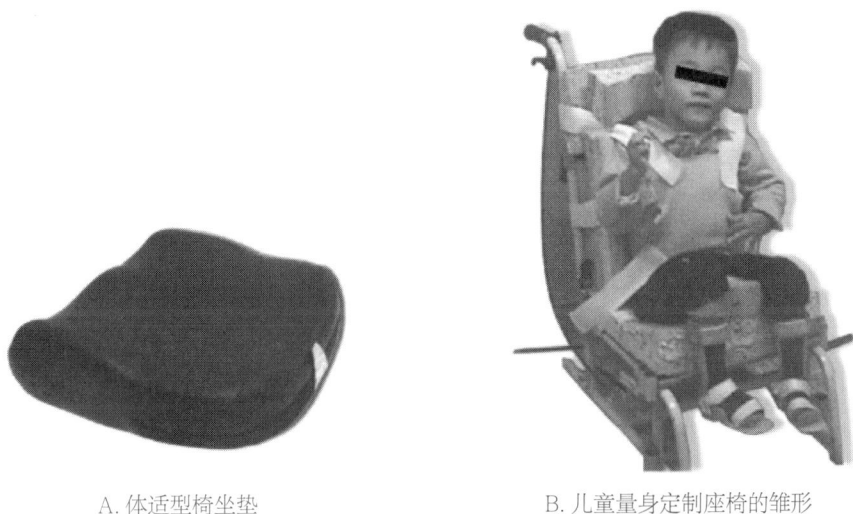

A. 体适型椅坐垫　　　　　　　　　　　　B. 儿童量身定制座椅的雏形

图 2-7　坐姿辅具

（3）无法坐者，指需要大量骨盆及躯干的支撑，才能维持坐姿者。这类儿童常合并有脊柱畸形或需头部支撑，座椅系统必须提供完全的身体支撑，通常为量身定制座椅，图 2-7B 为量身定制座椅的雏形。

除上述分类外，尚要仔细评估儿童在座椅的功能与姿势，骨盆的位置及姿势尤其重要。确定座椅尺寸必须有人体测量资料（图 2-8）、关节活动度与肌肉柔软度，如臀宽、肩宽与大腿、小腿长等测量数据，以对椅子的深度（Asit-1 至 2 英寸*）、宽度（M+2 英寸）、座椅面至脚踏板高度（B-2 英寸）及椅背的高度提出建议。

在关节及肌肉的柔软度方面，要评估骨盆、髋关节、膝关节、踝关节及脊柱的柔软度，注意有无骨盆后倾、前倾、侧倾或旋转的角度限制。在髋关节的活动度方面，在测量时，一人先固定骨盆，另一人将髋关节屈曲，如果髋关节的屈曲角度小于 90 度，可以尝试将髋关节外展或外旋来增加髋关节的屈曲角度。膝关节伸直角度应在似坐姿于 90 度髋屈曲姿势或最大髋关节屈曲时测试，要注意腰椎是否后凸及骨盆是否对称。除了于平躺姿势测量关节柔软度外，也要在坐姿下进行测试。若异常姿势是柔软性，非僵硬变形，则特殊座椅目标在维持正常的躯

*　1 英寸约为 2.54 厘米

干曲线坐姿；若已是僵硬变形，则需要坐垫适应其畸形。

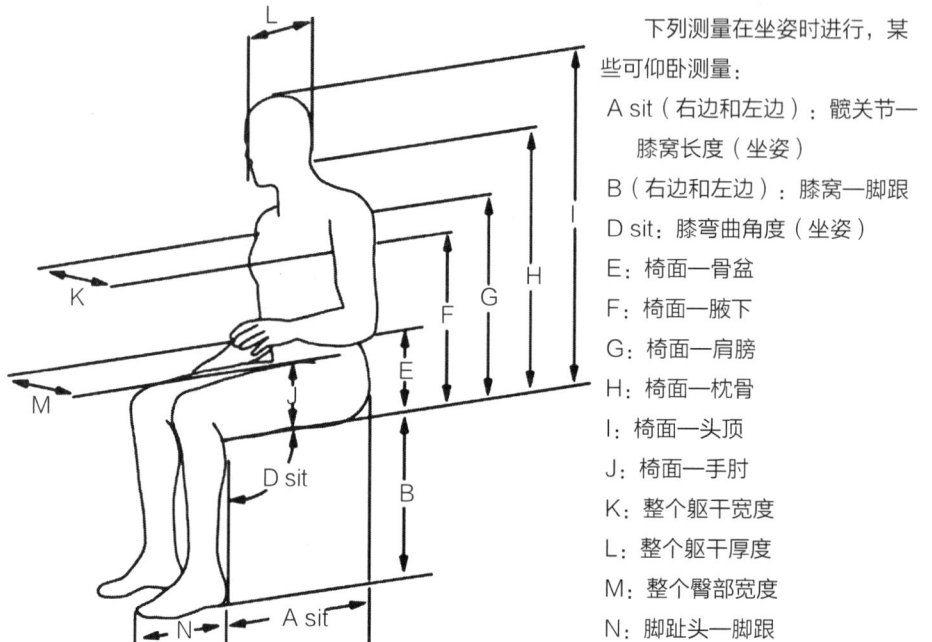

下列测量在坐姿时进行，某些可仰卧测量：

A sit（右边和左边）：髋关节一膝窝长度（坐姿）

B（右边和左边）：膝窝一脚跟

D sit：膝弯曲角度（坐姿）

E：椅面一骨盆

F：椅面一腋下

G：椅面一肩膀

H：椅面一枕骨

I：椅面一头顶

J：椅面一手肘

K：整个躯干宽度

L：整个躯干厚度

M：整个臀部宽度

N：脚趾头一脚跟

图 2-8　人体测量

量身定制座椅需要特殊设计与制作，且个别化差异很大，有兴趣的读者可参考 Zollars 与 Knezevich （1996）所撰写的 *Special Seating*，其图文并茂，适合初学者；Bergen、Presperin 与 Tallman （1990）所撰写的 *Positioning for Function: Wheelchair and Other Assistive Technologies* 则详述轮椅与电动轮椅结构，以及特殊轮椅的各种设计，适合专攻辅助科技座椅系统者参考；Letts （2000）所撰写的 *Principles of Seating the Disabled* 则针对各类障碍类别的座椅系统详加介绍，其中有一章介绍轮椅的历史；另 Bergen （2007） 所撰写的 *The Prescriptive Wheelchair* 也可提供参考。本章主要介绍已有商品，以及只要稍微改造就可以提供的一些座椅产品。

（一）座椅及配件

对于已可以独坐，但于进行活动时稳定度不足的儿童，可以用前胸支持带（H带）或骨盆带固定，或给予体适型座垫。此外，对于坐姿呈明显腰椎后凸的儿童，可以将其坐椅面稍微前倾，使骨盆前倾，然后用膝挡板以维持腰椎略前凸姿势；且要注意此座椅的深度及高度是否恰当，适当的深度及高度可让儿童臀部紧贴椅背，在髋 90 度屈曲姿势下，其双脚可平放地面。

一般而言，特殊座椅主要的原则是将骨盆放置在稳定及正中对称的位置，或有一点骨盆前倾。除可由调整椅面、椅背的倾斜角度外，也可改变椅面与椅背间夹角，或整个座椅系统的倾斜角度来协助儿童维持在良好的坐姿与增进功能（图2-9A）。

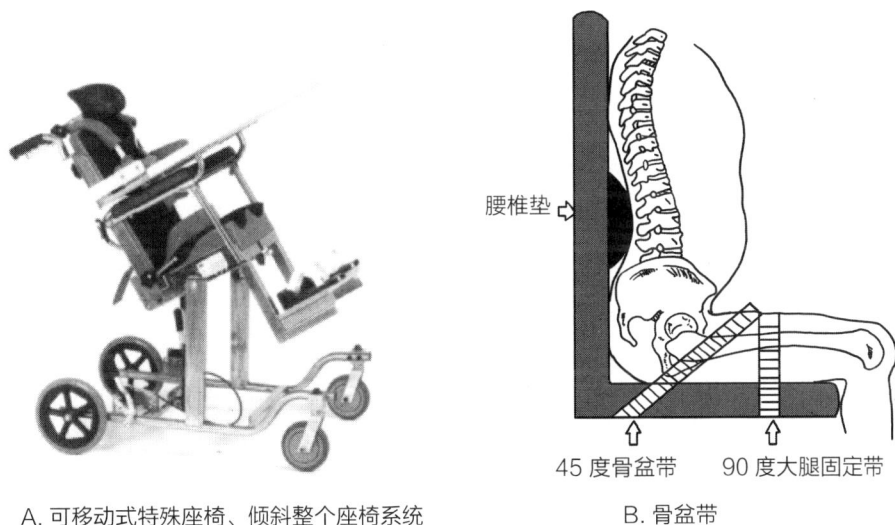

腰椎垫

45度骨盆带   90度大腿固定带

A. 可移动式特殊座椅、倾斜整个座椅系统   B. 骨盆带

图2-9　可移动式特殊座椅、倾斜整个座椅系统及骨盆带

对于骨盆稳定者，由其下方、后面、前方或是两侧来提供支撑，要有一个稳固座椅平面。中度至重度障碍者，一般需要更多的支撑，这样的支撑可以借由符合围绕臀部上至腰部区域的轮廓来提供。有高伸直肌张力的个案，可利用倾斜座椅前部或是在座椅前部下方放置楔形垫来减少座面／椅背间夹角。可使用抗前推座椅面，即在座垫后方制造一凹处来顺应骨盆，防止前滑（Cook & Hussey，2002）。

由前方来支撑骨盆时，可以使用各种形式的骨盆固定带或膝挡板。骨盆固定带的放置位置很重要。依个人的骨盆活动度、舒适度及摆位需求，来决定骨盆带的角度范围与座面的夹角由45度至90度（Cook & Hussey，2002）。

对大部分个案，45度骨盆带的拉力，已足够维持骨盆的稳定；若是有过量的髋部伸直，或是对前骨盆活动度有所需求，将骨盆带置于90度角的拉力较为有效。骨盆带可以是软质而具弹性（例如，网带或是有衬垫的乙烯树脂制品）（图2-9B）（Cook & Hussey，2002）。

（二）弹力泡绵喂食椅

弹力泡绵喂食椅包括喂食椅及底座，特别适用于躯干控制较差、缺乏坐姿平衡及口腔控制不良的脑性瘫痪儿童（图2-10）。它可应用于摆位、训练、喂食、直立坐姿、居家使用并可附于移动器材上使用。若仅是发育迟缓儿童，为提供躯干支撑的坐姿，可使用类似汽车座椅、推车或婴儿摆位椅。其最大缺点是座深无法个别化，因此要注意脑性瘫痪儿童骨盆后倾问题。

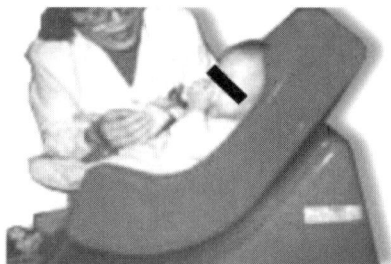

图 2-10　弹力泡绵喂食椅

（三）三角椅

三角椅的椅背近 90 度，或椅背两侧呈往前折角，可促进肩部前突姿势，如此可促进双手在前或抑制儿童抬起手臂欲使用双手时所引发的伸肌反冲。此外，这种椅背形状，可提供给儿童侧面支持以增加他的躯干稳定性。但若儿童的头部控制不好，背部无法挺起，则仍不适合用三角椅（图 2-11）。

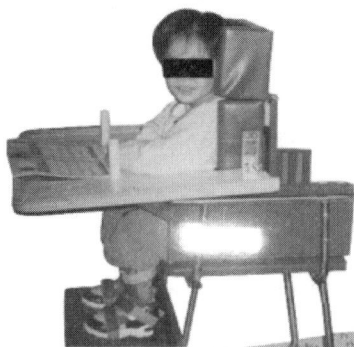

图 2-11　三角椅

（四）滚筒椅

滚筒椅是以滚筒当坐垫，主要是针对髋内缩高张力的儿童。然而由于滚筒无法提供稳定的骨盆及上腿支撑，并不适合坐姿不稳定者（图 2-12）。

（五）体适型椅

体适型椅为根据儿童不同的尺寸，配合身体臀部、腰背部等姿势加以塑形，图 2-7A 为儿童的体适型椅座垫。

图 2-12　滚筒椅

（引用自联兴仪器，2003）

（六）梯背椅

梯背椅为引导式教育系统所用的训练用具。椅背呈梯状，可方便儿童自行转位扶持。也可分开当梯背架，作为行走辅具（图 2-13）。

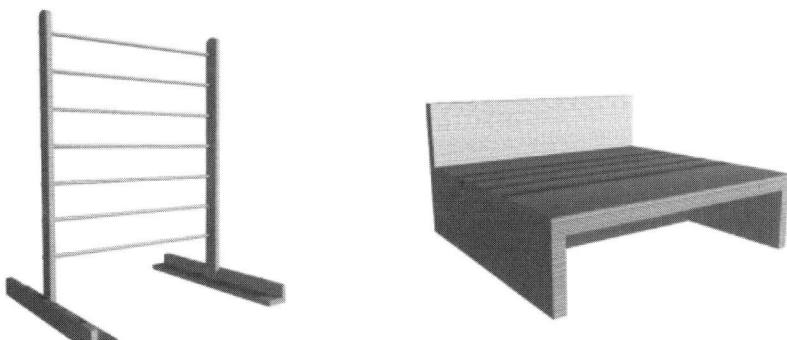

图 2-13　梯背架与梯背椅面，座椅面搭配梯背架便成可用手攀扶的梯背椅

五、俯卧辅具

在儿童生命周期，醒着时趴着玩已被证实可促进粗大动作的发育。因此，当婴儿清醒时或在父母亲的监督下，应该可被允许趴着玩一小段时间（American Academy of Pediatric，1992，2000）。若俯卧姿势控制有问题的儿童，可使用俯卧辅具协助。俯卧辅具常见为楔形物或滚筒。

俯卧辅具的目的：

（1）加强头、颈与上躯干的伸直动作。

（2）较仰姿有头部控制，双肩载重的动作经验。

（3）强化呼吸与肌肉骨骼系统功能。

（一）楔形物

一般而言，理想的楔形物长度为由胸骨到踝关节近端部分的长度。楔形物可以训练上肢的载重、诱发头部抬起，上半身伸直肌力与载重转移能力。如果要训练前臂支撑的载重，楔形物的高度应小于肱骨的长度，若要训练肘伸直双手支撑，则高度需略短从腋下到手腕的长度。楔形物应有足够的宽度，或使用安全带以避免儿童滚落。在两腿之间放置外展块能改善有髋关节内缩高张力的下肢异常姿势。楔形物前上端的角度大小可以依肩内缩高张力大小而调整（图2-14）。

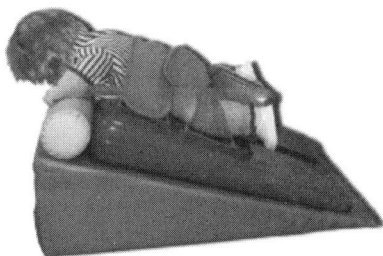

图 2-14　楔形物的俯卧摆位

（二）滚筒

滚筒可以帮助上半身伸肌力量稍弱且无法持续在俯卧姿势进行活动的儿童，协助其抬高上半身，并进行手部活动；然而对于屈肌张力较高的儿童而言，使用滚筒可能加强其屈肌张力，此时用楔形物会是较好的选择。U形滚筒可用于将早产儿摆成似子宫内姿势。

对婴幼儿可用枕头或浴巾、棉被叠成类似滚筒或楔形物的形状。若暂时无法取到合适摆位辅具，家中浴巾、棉被甚至书本都可暂时作为调整姿势的用具，图2-15即为此例。

六、侧躺辅具

对于严重高张力，其在仰卧姿势时有明显的不对称或显著无功能，且无法忍受趴姿者，使用侧卧板可以协助其维持侧躺姿势（图3-17），并促进两手相碰、眼手的协调。然因侧卧姿势的支持面积较小，需经常更换姿势，且需注意上方腿部的支持。儿童若高张力不强，床头板或长椅背处再加浴巾、抱枕或厚重书本，也能充当侧卧板。

图 2-15 居家访视时，利用家中浴巾、
棉被、书本等物品进行坐姿的调整

七、仰卧辅具

一般而言，除了睡觉之外，身心障碍儿童尽量不要摆成仰姿，因为仰姿时身体完全支撑且面向天花板，缺乏与环境的互动，也较不容易进行物体操弄及眼手协调活动。然若已被长期置于仰姿，无法适应其他摆位姿势，可以用一些仰卧辅具，改善其功能或姿势。如让儿童斜躺在楔形物上，脚下放支撑物使其下肢保持弯曲姿势。若无楔形物，可用家中其他的代用品，如硬纸箱、枕头、浴巾等。

八、副木

副木由帆布与不锈钢条或塑胶条制成，主要用途在于维持关节间的相对位置，提供持续伸展力使肢体伸直，以利于承重训练，避免关节不当受力变形（图2-6）。使用时应注意不同身高的儿童应使用不同尺寸的支架，且捆绑的压力不宜过大。已有严重关节挛缩则不应使用副木以免过度压迫软组织。膝关节副木的长度为鼠蹊下1英寸至踝骨上1英寸的距离，副木上面的宽度为鼠蹊下1英寸的腿围周长，下面的宽度为踝骨上1英寸的腿围周长，并加上约2英寸重叠的长度。肘关节副木的测量类似，长度为腋下1英寸至手腕上1英寸的距离，并量取周长。膝关节副木可用于趴着、坐在地上或站立时。肘关节副木则用于练习上肢载重。

第五节　移动辅具

移动辅具编码为（12）个人行动辅具。本节将介绍移动能力的重要性与各类移动辅具。

一、移动能力的重要性

1963 年 Held 等通过猫的实验结果显示，可以自行移动的猫的日后视知觉反应较好（Held & Hein，1963）。因此，主动移位能力会影响日后知觉功能的发育。儿童的移动能力常是教师及父母的主要关注点（Bleck，1990；Pollock & Steward，1998）。动作功能障碍的婴儿，会有习得性无助，丧失好奇心及缺乏主动性行为（Brinker & Lewis，1982）。失能儿童可借由行动能力的增强，体验成功控制环境的经验，进而减少次发性社会、情绪和智能障碍（Butler，1986）。

个案行动限制的范围，由轻度至重度可分为 5 级（Cook & Hussey，2002）：

（1）完全行走者：无行走障碍。

（2）边缘行走者：能独立短距离行走，但在户外或长距离行走时需要电动轮椅或电动代步车。

（3）手动轮椅使用者：使用双上肢、双下肢或一侧上下肢推动手动轮椅。

（4）边缘手动轮椅使用者：部分时间使用手动轮椅，部分时间使用电动轮椅；可能因过度使用上肢推进轮椅而造成伤害，或使用手动轮椅并非最有效率的方式。

（5）完全／严重行动障碍者：仅能借电动轮椅才能独立移动，无法独自推进手动轮椅，或行动完全依赖。

考虑提供身心障碍儿童移动辅具的情况如下：

（1）有探索环境的动机，却无移动的行为或能力者。

（2）接近一般儿童开始走路的年龄，下肢有部分承重，上身也具抗地心能力者，可考虑助行器。

（3）为智能与生理年龄 17 个月大以上的发育障碍儿童提供电动移动辅具是安全且有效的。会使用电动轮椅于室内或室外活动，认知功能必须至少一岁半（Aubert，2008），对认知不良的儿童，缺乏安全概念，给予移位辅具可能反而导致危险。

移动辅具可以根据姿势分为三大类：

（1）站姿的行动辅具。

（2）坐姿的移动辅具，如一般轮椅、电动轮椅、电动代步车、改装汽车或摩托车、三轮车等。边缘行走者最常使用电动代步车。

（3）趴姿的移动辅具，如滑板或爬行器。

此外，对常易跌倒者可用保护辅具，如：护腕、护膝、头盔或安全帽。滑板或爬行器通常只针对较幼小儿童或在前庭刺激游戏中使用，就功能性而言，坐姿与站姿较常用。

二、站姿的行动辅具

当儿童下肢可以承重但无法自行行走，即可提供行走辅具。借由行走辅具，儿童可以：

（1）增强自我概念。

（2）促进与同伴互动，满足其他学习娱乐活动的需求。

（3）提供安全又稳定的行走。

（4）较低的能量消耗。

（5）借由行走辅具可以促进儿童与行走相关的知觉动作及心肺功能。

（6）借由学习行走辅具的运用，使儿童学会使用工具。

行走辅具有数种，助行器通常较适合幼小儿童。助行器可分无轮、双前轮、四轮，另也分前推式或后推式，以及需躯干支持者使用的躯干支持型助行器。也有专为痉挛型脑性瘫痪设计的脑性瘫痪扶手助行器；走一段路便需休息者可使用附有座椅的助行器。年纪较大且上肢功能良好的儿童或青少年则可依其下肢与躯干动作控制能力选取使用各类拐杖，包括一般拐杖、前臂拐杖、腋下拐杖、四脚拐等；此外，还有移动式站立架，大型学步车等。理想状况下，肢体障碍儿童可有两种以上的移动辅具，供室内或室外使用（Wright-Ott & Egilson，2001），以增加其独立性及移位动作的适应性；必须注意，当儿童手部有支持物时，其反应性姿势反应与无支持物不同（Cordo & Nashner，1982），因此同时训练支持不一的移动辅具，或许有助于儿童练习移位的动作控制。

（一）平行杆或墙上扶手

平行杆通常作为行走运动或训练之用，但家中少有这种设备，一般可以一些矮且重的家具平行排列，就可当成家中的平行杆。在家里或一般机构中常见墙上扶手，以协助儿童在室内自行扶着扶手自由活动（图2-16）。以儿童而言，扶手的直径通常是2～5厘米。

（二）无轮助行器

助行器主要是利用加大的底面积来增进行走时的支持与稳定度，以提高使用

图 2-16　利用墙上扶手协助独立移动

者的独立行走能力。无轮助行器，通常用于老年人，儿童较少使用。助行器高度在大转子与髂骨之间。对于容易后跌者，可降低助行器高度，使身体重心往前，落在助行器支持面上。

（三）有轮助行器

儿童一般使用有轮助行器为多，又分标准型助行器、后推型助行器、躯干支持型助行器。

除了上述三种基本型之外，根据功能调整，又可以有不同设计，如可否折叠，单向轮或 360 度自由转动轮，两轮或四轮，高度可否调整，是否配有座椅或购物篮。对于手部抓握有问题的儿童，可考虑配备有前臂支撑架。轮子的尺寸可依儿童的活动环境而更改，若在室外，轮子需要较大。此外，除一般四个支撑点的助行器外，市面上也有三个轮子的可以折叠的助行器。其高度调整的原则似无轮助行器，也可依儿童向前推动力的大小而修正。

标准型助行器：又称为前推式助行器，一般适合上半身控制尚可，有下肢的承重、跨步及手抓握能力但缺乏平衡能力，而无法独立行走者。标准型助行器最常见的问题是行走时躯干会前弯，而且由于手把方向，容易造成前臂内旋的现象。标准型助行器的高度如无轮助行器。对于有躯干前倾现象的儿童，可以尝试将助行器的高度升高，对刚初学使用助行器的发育迟缓儿童，若缺乏安全感，可以运用任何方式以增加对助行器使用的安全感。由于标准型助行器手把往前，痉挛型脑性瘫痪儿童前臂内旋的痉挛加强，因此可以使用脑性瘫痪助行器，即将扶手变成垂直的方向，理论上可以促进前臂的外旋以及诱发肩胛骨下压的姿势（图 2-17）。

图 2-17　具脑性瘫痪扶手（即扶手垂直）的标准型助行器

后推式助行器：主要是针对痉挛型脑性瘫痪儿童。研究显示，痉挛型脑性瘫痪儿童使用后推式助行器行走较标准型助行器可以减少能量消耗（Park et al.，2001），促进直立姿势（Greiner et al.，1993；Park et al.，2001），减少双支持时间（Greiner et al.，1993；Park et al.，2001），增加步伐长度（Park et al.，2001）；行走速度较快（Greiner et al.，1993）。然另有研究显示行走速度（Park et al.，2001）与能量消耗没有差别（Mattsson & Andersson，1997）；大部分痉挛型脑性瘫痪儿童喜欢后推式助行器（Greiner et al.，1993；Mattsson & Andersson，1997），父母认为后推式助行器行走较稳，儿童与同伴互动较佳（Greiner et al.，1993）。图 2-18 为痉挛脑性瘫痪儿童使用前推式与后推式助行器姿势的比较。研究也显示，痉挛型脑性瘫痪儿童或唐氏综合征儿童，使用后推式四轮助行器的行走速度及步伐长度会大于后推式两轮助行器或标准式助行器（Levangie et al.，1989；Logan et al.，1990）。

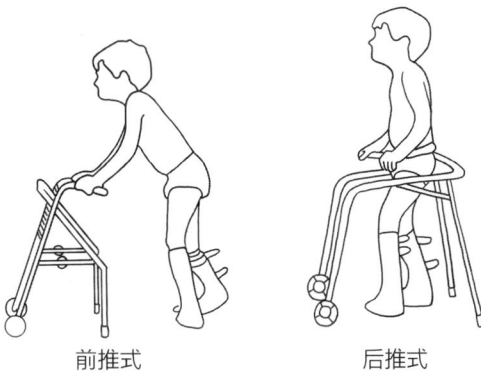

前推式　　　　　后推式

图 2-18　痉挛型脑性瘫痪儿童使用前推式与后推式助行器姿势比较

虽然研究显示后推式四轮助行器似乎比后推式两轮助行器的步态好，然而四轮稳定性较两轮差，姿势控制能力较差的儿童初期使用两轮助行器较合适，而姿势控制能力较好者或启动重心往前能力较差者则以后推式四轮助行器较佳。以作者的临床经验而言，虽然大部分痉挛型脑性瘫痪儿童最好使用后推式助行器，然而后推式助行器前面没有横杆，且使用时需要比较高的平衡能力，因此儿童会觉得不安全，若儿童抗拒使用后推式助行器时，可先以标准型助行器使其适应行走辅具后，再慢慢转换成后推式助行器。

躯干支持型助行器可以提供躯干支持，对于已有双脚交互移动，而尚无躯干控制的儿童，可以使用此躯干支持型助行器来协助行走，又称支持型助行器。若能提供骨盆与上半身稳定支持，再由大人在后推动控制速度（图2-19），则可以产生类似部分承重的行走训练，刺激儿童中枢形态发生器发生作用。商品名为gait trainer者，有多项配件，如躯干支持板、前臂支撑，髋部安全带以及脚部位置提示系带等配件（Styer-Acevedo，2008）。商品名为kid walk者则将躯干支持板移至儿童背后，使儿童前面无阻挡物，更易探索环境。

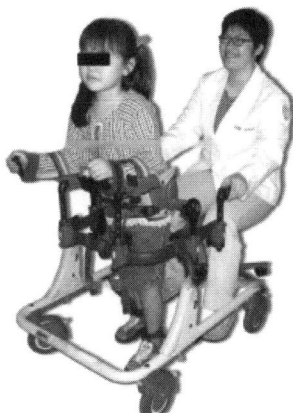

图2-19 躯干支持型助行器

Bidabe建议，髋部安全带只有在儿童无人监督时使用，当儿童逐渐进步时，配件的移除由躯干支持板开始，然后移去脚部位置提示系带，增加其对脚部本体知觉，最后移走前臂支撑，儿童就如使用标准型助行器（Bidabe，1990）。大部分的躯干支持型助行器其支撑物都在身体前方，因此可能造成儿童与环境互动的障碍，可将躯干支撑物移到身体后方，减少儿童与环境的互动障碍，如Walkabout（Wright-Ott & Egilson，2001）。因此行走辅具的选用，除儿童的能力因素外，也要考量儿童与环境的互动需求。

（四）移动式站立架

对于下半身瘫痪而上半身良好的儿童，为促进其直立的移位功能，可以使用移动式站立架，但下肢关节活动度伸直限制不得大于45度（Bidabe，1990）。

（五）前臂拐

使用前臂拐需要一些站立平衡能力，通常脑性瘫痪的儿童较少用，因可能造成肩膀内缩、前臂内旋及躯干前弯的不良姿势。然而对于平衡能力较好又没有办法独立行走的脑性瘫痪儿童，前臂拐比较不占空间，且可以空出手进行一些活动，如在爬楼梯时用手去抓栏杆，因此在功能上较适用。前臂拐的手把高度为站立双手在身侧，由地板至腕关节皮肤折痕的距离，而前臂支撑环与把手的长度则为腕关节折痕处至前臂最宽处（图2-20）。

（六）四脚拐

四脚拐通常较适合老年人，较不适合儿童。然而为了让儿童可以练习使用不同的行走辅具，并慢慢减少对平衡的协助，可以让他学会使用四脚拐（图2-21），甚至单拐行走。一般而言，使用拐杖完成各种标准的行走步态，需有基本的认知功能，通常建议在认知年龄5岁以上，才教导其标准的拐杖步态。

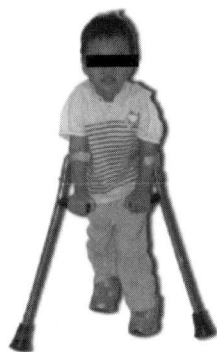
图2-20　前臂拐

图2-21　四脚拐

（七）大型改造学步车

大型改造学步车在多数福利院使用，类似于婴幼儿学步车，只是尺寸加大，底面积加宽，适用于两腿可以交替跨步的儿童。一般而言，大型改造学步车（如婴幼儿学步车）容易造成意外，因此并不推荐使用。

三、坐姿的移位辅具

对于尚未能站起但可维持坐姿，且有部分上半身控制能力者，或需长距离移动而行走耐力不足者，可用三轮车、脚踏车、轮椅、电动轮椅、电动车等协助其移动。

（一）轮椅

轮椅为最普遍的坐姿的移位辅具，当有姿势不良需要特别坐垫系统，可参考摆位章节，本段主要讨论轮椅种类与相关结构的评估与考量。

轮椅结构的评估与考量点如下：

（1）坐垫：应考虑使用易清洗舒适的材质及高度。前高后低的坐垫形状可减少儿童往前滑位的现象，但注意髋关节的屈曲挛缩者的骨盆准线排列。

（2）背靠：深度、形状、舒适度、透气性均应列入考虑。

（3）骨盆固定方式：一般使用骨盆带。

（4）坐椅角度：针对部分无法采取髋关节 90 度正坐的儿童，应调整坐椅椅背至最有功能及最恰当的角度。

（5）椅套：需考虑方便清洗替换的材质、适合儿童的颜色，有伸缩弹性材质，使儿童身体与座椅系统间更密合。

（6）脚靠：包括脚踏板、脚踝固定带，适当选用配件可以改变坐姿的稳定度及承重。

（7）外侧及内侧支撑物：外侧支撑物可用来调整躯干位置防止脊椎变形；内侧支撑物是指放置于膝间的外展块，可维持髋关节在外展的摆位，注意不要刺激髋内收肌。应方便拆卸。

（8）前方固定带：例如名为 Dynaform Posture Support 的商品，可防止躯干向前移位。

（9）头靠：大多支撑在枕骨部位，也可使用颈圈协助维持适当的头颈位置。

（10）上肢支撑物：包括扶手、桌面、防止肩胛骨后缩的楔形块，针对严重的徐动型患者可考虑使用手腕或手臂的固定带。考虑在靠近躯干处加软垫，以减低压力。

选择轮椅种类的考量点包括：

（1）活动度：

搬运移动型推车：应考虑照顾者的使用方便来调整手推部分的高度，推动时轮子的阻力，操作及收放的方便性，以及应能提供儿童稳定且正确的坐姿。

人力驱动轮椅：最好是质量轻、耐用。一般大轮在后方。

单手人力驱动轮椅：适用于两侧上肢功能不对称的患者；注意个案是否因单手操作，易导致脊柱侧弯。

电动轮椅的适用症下文叙述。

（2）形式：应考虑可将整个座椅系统倾斜。

（3）大小：应考虑儿童体型大小、生长速度、座椅可调整的范围。

（4）品牌：不同品牌所提供的舒适度、刹车功能、售后服务维修皆不尽相同。

（二）电动移位辅具

电动轮椅或电动移位辅具通常比人力驱动轮椅更适用于儿童，因其可以协助儿童体验或练习主动移动，也较容易配合同伴的行动速度；尤其上肢使用效率缺损的儿童。对于上半身控制良好者，市面上的三轮电动车比电动轮椅更便宜并方便于户外行动（Aubert，2008）。使用永久性电动移位辅具适应于：

（1）永远不会直立行走或是没有移动经验的儿童。

（2）无效率的行走或移位者，如虽可行走或用手动轮椅但速度慢、耐力不佳的儿童。

（3）认知年龄大于2岁或至少1岁半；但转衔式的移动训练有人从12～14个月开始（O'Shea et al.，2006）。

（4）可用身体操控适性开关且有因果概念，如摇杆或头眼启动电动界面等。

（5）居住的环境有足够的空间可以供电动移位辅具移动。

（6）家人或照顾者有能力去维护电动移位辅具。

电动车可扩展行动障碍者的生活范围，促进生活质量（图2-22）。"暂时性电动移位辅具"（TPMA）让婴幼儿可以体验自行移动，并非设计作为功能性的代步工具，需有比较大的空间，研究显示使用这类TPMA可加强儿童主动性行为，另一个类似的设计GoBot也有类似的效果（Wright-Ott & Egilson，2001）。因此电动车或电动轮椅对婴儿来讲，已不仅是补偿性及功能性代步工具，也具训练性。

图2-22　电动车　　　　　　　　图2-23　特制三轮车

（三）特制三轮车

对于下肢无法在承重状况下有跨步动作者，特制三轮车通常是一个不错的选择。特制三轮车通常包括有躯干支撑、前臂支撑及脚踏板固定配件（图2-23），有些特制三轮车是用手摇动来移动而非用脚踩动。MICAH 脑性瘫痪复健三轮车，其特色为模块化组件、可调式手把、躯干支撑系统、可调式坐垫与可调式脚踏板。

四、趴姿的移位辅具

对于尚未能在直立姿势下移动者，协助其在地板移动可有下列辅具，包括滑板、爬行器。

爬行器用途似滑板，不同处在于爬行器除了手外，也可以用脚协助移动，因此高度略短于大腿，爬行器前后长度要窄，移动时才不会卡到大腿。其缺点与滑板相似，颈部及躯干一直伸直，容易疲累，但由于有下肢支撑，所需头躯伸肌力不似滑板那么多。

五、别人协助移动的移位辅具

无自行移动能力，或出外活动需长距离移位者，需要此类辅具。如一般推车，特制推车或移位架。

推车通常适用于需要别人携抱，无法自己推动或行走的儿童，这类推车的特点通常为帆布质地的座椅，因此骨架轻可以折叠，对父母而言易于携带，所占空间小，方便外出使用，而缺点是帆布座椅稳定性不够，这会让儿童有不良的姿势产生。通常为身心障碍儿童特别制作的推车，有比较坚固的支撑板，让儿童在推车内仍可以维持正确的姿势。

第六节　下肢装具

本节下肢装具的编码包括（06 12）矫具与义具—下肢矫具系统、（06 33）矫具与义具—矫正鞋。装具为外加的装置以修正神经肌肉骨骼系统的构造与功能（Redford，1995）。装具一词常与支架、夹板等名词交换使用。装具常借由以下方法而达到增进功能的目的：①于身体施力或减力以保护身体；②限制或改变关节动作以避免或矫正变形；③补偿肌无力或畸形（Redford，1995）。装具的名称常依据其施用关节或部位而命名，如下肢装具（Lower Limb Orthosis，LLO）、踝足装具（Ankle-Foot Orthosis，AFO）、足装具（Foot Orthosis，FO）、膝踝足装具（Knee-Ankle-Foot Orthosis，KAFO）等。通常适合协助坐或站摆位的装具是在儿童有头部控制时才开始施用；协助行走的装具则建议在儿童开始扶助行器或家具行走时才开始施用（Molnar，1995）。施用 LLO 的目的为：

提供稳定支持面、减低疼痛、协助或促进行走功能、开刀后维持关节的正确位置、改变肌肉张力（Trautman，1995；Russell & Gorter，2005）。

对于踝足畸型儿童或脑性瘫痪儿童常用的下肢装具有特殊鞋子、KAFO、AFO 及 FO（Trautman，1995）。治疗师在建议儿童使用下肢装具时，应用如本章第一至三节的原则。着重评估下肢的关节角度、肌力、感觉、变形程度、动作控制，以及移动与日常活动能力等，并须定期再评估。本节以膝下的下肢装具为主。

一、特殊鞋与足装具

为儿童选鞋，须考虑成长因素，因此尺寸为脚趾与鞋头离 0.6 ~ 1.2 厘米；由于快速成长或不正常步态造成鞋子磨损，儿童会有 2 ~ 3 个月就换新鞋的现象（Molnar，1995）。特殊鞋可分矫正鞋或量身定制鞋（Janisse et al.，1995）。量身定制鞋需要取重度障碍者的脚模而个别定做。矫正鞋则由一般鞋子作修正，包括鞋面矫正、铁鞋芯加长与圆弧底调整。鞋面矫正部位常在鞋后帮、鞋头与魔术带扣等（Janisse et al.，1995）。

考虑一般儿童或轻度障碍儿的矫正鞋需要，可参考 Staheli 回顾一般儿童矫正鞋使用的文献所作的建议（Staheli，1991）：①最好的足部发育是在不穿鞋的环境下完成；②鞋子的主要功用是保护脚不受到伤害或感染；③过于僵硬或支持太多的鞋子反而会造成脚部的畸形、无力或丧失活动度；④一般而言，矫正鞋是一个误称；⑤矫正鞋主要的适应症是用来缓冲撞击力，使足底压力分配均匀、矫正长短脚；⑥依赤足模式选择儿童的鞋子；⑦医护人员应该避免推销市面上的矫正鞋，过分的促销可能对儿童有害，增加家庭的花费，且造成民众对医护人员的不信任（Staheli，1991）。另一研究结果显示儿童时期有穿矫正鞋者，自尊及自我形象都较低，这些人回忆过去穿矫正鞋时的主观感受较负面，因为曾经被同伴讥笑，且穿矫正鞋反而限制活动，所以矫正鞋对儿童来讲可能有负面心理效果（Driano & Staheli，1998），因此建议使用矫正鞋时应更加慎重。

足装具（FO）为放入鞋底的装备（Janisse et al.，1995）。主要运用完全接触概念提供稳定支持面、减低冲击力、均匀压力分布并降低疼痛（Janisse et al.，1995）。其根据个案需要，可以不同柔软度或密度的材质制作，如 UCBL-ST 足装具为硬足底，因其将足跟固定在正中准线，提供足部稳定，曾被推荐为 CP 儿童的足装具（Janisse et al.，1995；Trautman，1995），然而近来研究显示其无法改善脑性瘫痪儿童的步态（Davids et al.，2007）。

二、踝足装具

踝足装具（AFO）指横跨踝关节支撑足部与下腿部的支架，可穿入鞋内或附在鞋上。基本上有行走困难，包括异常步态者（如垂足或痉挛型踮脚步态）、踝关节关节炎、糖尿病夏柯氏足，或是手术后的需足部保护者皆是 AFO 适用对象（Rubin & Cohen, 1988）。AFO 根据材料分塑胶类与金属类。金属类 AFO 分单一立杆型与双立杆型。塑胶类 AFO 分弹簧叶片型、踝固定型、两片式型、地板反作用力型、踝活动型（Trautman, 1995）。过去踝足装具由铁或铝等金属制成，目前大都是用较硬的聚丙烯或较软的聚乙烯等塑胶材质制造而成。有关脑性瘫痪儿童的 LLB 目前倾向为少量且具活动性（Molnar, 1995）。限于篇幅，以下以介绍脑性瘫痪儿童的 AFO 为主。

（一）抑制痉挛石膏鞋与张力降低踝足装具

抑制痉挛石膏鞋是 1977 年 Mohr 在英国 Bobath 中心学得的膝下抑制痉挛石膏鞋技术的应用，并将之推广到美国（Cusick & Sussman, 1982）。在此之后，与石膏鞋原理相似，但材料、形状互异的各种张力降低踝足装具（Tone-Reducing AFO; TRAFO）陆续被报告。TRAFO 又常被称为抑制痉挛支架鞋。大致来说，所有 TRAFO 的共同特点为：踝、足关节维持在正常的姿势，掌趾关节轻度的伸直过度，跟腱两旁加压，以固定跟骨于正确位置（廖华芳等，1989；Molnar，1995）。

载重石膏鞋为抑制痉挛石膏鞋，以石膏固定一段时间，由于希望在踝关节固定且跟骨载重，降低异常高张力状况，因此必须多有站立姿势的活动，以加强近端关节动作控制，因此称为载重石膏鞋；适用于严重腓肠肌高张力者（图 2-24）。过去载重石膏鞋需持续穿 6 ~ 8 周不等（廖华芳等，1989），然目前施用连续石膏的建议为，连续石膏虽可增加关节活动度，但长期包扎时间达 6 周会使肌肉萎缩并降低肌力，因此石膏固定最多 2 ~ 3 周，且每 5 ~ 7 天就重新拆换一次，以减少副作用（Flett, 2003）。

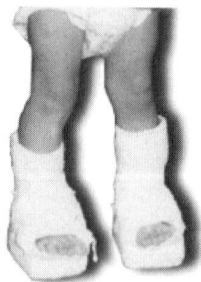

图 2-24　载重石膏鞋

一般认为抑制痉挛支架鞋产生降低痉挛效果的原理是抑制过强的足部张力反射，促进足部平衡反应（Duncan，1960；　Duncan & Mott，1983；　Manfredi，1975；　Molnar，1985；Sussman & Cusick，1979；　Zachazewski et al.，1982）；或是抑制痉挛支架鞋将踝关节维持在正常的稳定姿势，提供全身一个稳定的支持面（廖华芳等，1983；Cusick & Sussman，1982；　Sussman，1983）；也有人认为是石膏鞋长期固定牵拉腓肠肌，因此降低了踝跖屈肌的张力（Bleck，1987）。就神经生理学的观点来看，石膏载重鞋将跖趾关节过度伸直并将趾间关节伸直，因此可以抑制脚趾屈曲反射（Duncan，1960）与正支持反应（Bobath，1983），因而降低下肢伸肌，尤其是腓肠肌的高张力。此外，长期牵拉腓肠肌且在跟骨处加压力，亦可以促发腓肠肌本身的高基肌腱器而使腓肠肌张力下降，腓前肌张力增加（Goff，1972；O'deen et al.，1981）；故用石膏载重鞋固定踝关节，且鼓励病人多站多走，便可得到类似的效果。在临床有些患儿连上肢痉挛亦明显下降，或许可以玻巴斯关键点控的作用来解释。如将不稳定的踝、足关加以固定，提供全身一个稳固的支持面，使患儿于站立或坐时较易放松，不正常张力得以降低，而更易自如地控制下肢与躯干。对徐动型患儿来说，可能增加其稳定性为促进运动功能的主因。就目前观点，肌肉高张力未必完全因中枢神经损伤造成，或许是脑伤儿童为完成活动目标的适应机转。踝跖屈肌肌力于行走中也扮演重要角色，这是使用抑制痉挛支架鞋须注意的地方。

（二）两片式踝足装具

两片式踝足装是可穿脱式，由前后两片所构成，以魔术带或扣环固定，需取模定做。多种材料均可制作，如玻璃纤维。踝关节固定不动，适用屈膝步态者。

（三）踝固定型 AFO

踝固定型 AFO 主要限制踝关节动作，无跖屈、背屈与内外翻的动作（图2-25），适用于尚未独立行走者、垂足或稍屈膝步态者（Molnar，1995），不适用者为有显著足部变形、载重期明显踝背屈、年龄大于12岁，或肥胖者（Davids et al.，2007）。踝关节固定的角度是否一定得限定在90度？稍背屈或跖屈一点，对其膝关节会产生何种影响（由生物力学推论）？固定背屈角度越大，越有利于膝屈曲；跖屈角度越大，越有利于膝伸直（Lenmann，1979）。

（四）踝活动型 AFO

踝活动型 AFO（图2-26）：可穿脱式，多种材料制作，踝关节可活动，可允许踝关节做出背屈，对跖屈步态儿童常设计限制跖屈动作。踝活动 AFO 可以提供较自然的踝关节活动度，转位较容易，对于已会独立行走者，且踝关节背屈活动度 5 度以上，无髋膝关节挛缩，通常建议使用，但不适合屈膝步态者（Molnar，1995；Davids et al.，2007）；有显著足部变形、载重期明显踝背屈者不适用。

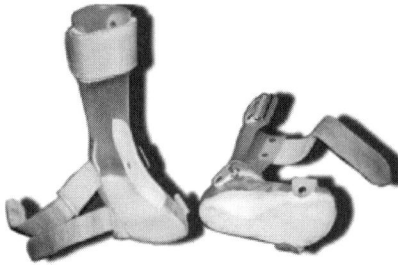

图 2-25　踝固定型 AFO

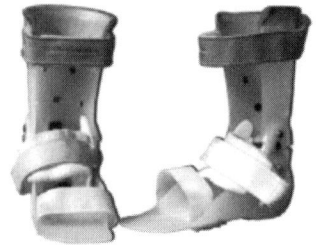

图 2-26　踝活动型 AFO

（五）踝上脚具

踝上脚具（SMO）：主要提供稳定度不佳的踝关节内侧及外侧的支撑力量，维持踝关节与跟骨于正中位置，两侧略高，包裹住内外脚踝，前后较低，允许踝关节做出背屈、跖屈动作，因此又称为动态踝足装具 AFO。其可矫正痉挛型儿童常合并的踝跖关节旋前变形，且允许一些踝跖屈与背屈动作（Molnar，1995）。对有大脚趾外翻者可加趾环。

动态足装具，又称动态足底板、似动态 AFO，但高度未达足踝，无法维持踝关节内外稳定度，主要维持足底骨头排列正常，进而提供稳定度，并降低足张力反射（图 2-27）（Molnar，1995）。

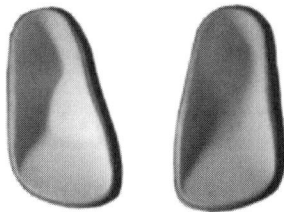

图 2-27　动态足底板

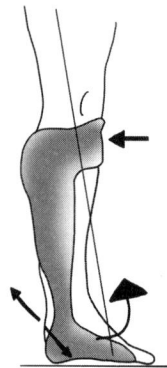

图 2-28　地板反作用力型 AFO

（六）地板反作用力型

地板反作用力型 AFO 为塑胶类（图 2-28），主要适用于屈膝步态脑性瘫痪儿童，经由固定踝关节在略跖屈角度，限制踝跖屈活动角度，并用行走载重期产生的膝伸直力矩的地板反作用力协助膝关节的稳定，还提供踝关节稳定度（Trautman，1995）。建议髋/膝关节伸直挛缩不能大于 15 度，无显著足部变形者才能改善步态（Davids et al.，2007）。对脑性瘫痪儿童的疗效，文献显示地板反作用力型 AFO 可在载重期时限制踝跖屈角度，且增加膝关节伸直角度及伸直力矩（Rogozinski et al.，2009）。

（七）后弹簧叶片型

后弹簧叶片型 AFO 为塑胶类，外形类似后副木，主要功能为固定踝关节在背屈 0 ~ 5 度，限制踝跖屈角度，避免行走摆动期的垂足步态，且提供站立后期推离地时的功率（Trautman，1995），在载重期有明显踝关节背屈或跖屈者并不适用（Rogozinski et al.，2009）。

第七节　日常生活辅具

本节日常生活辅具编码包括（09）个人照顾与保护辅具和（15）居家生活辅具。

一、日常生活辅具种类

日常生活辅具可以分为两大类，一类为生活自理辅具，另一类为日常活动辅具。生活自理辅具可分为转位辅具、饮食辅具、卫生沐浴辅具、穿着辅具。日常活动辅具可分为居家操作辅具、文书辅具、环境辅助科技、休闲益智辅具。对饮食有问题的幼儿，饮食辅具最常见。

二、饮食辅具

斜口杯或缺口杯：适用对象为颈部活动受限，无法往后仰，或是颈部后仰时引起张力反射的脑性瘫痪儿童。在使用缺口杯喝饮料时，缺口要朝上使饮料入嘴时，杯缘不至碰到鼻梁。而且在进行喝水训练的时候，因为杯缘的缺口朝上，由上往下可观察到儿童的口腔动作。缺口杯建议使用透明的材质，因此在训练儿童喝水时可以看到水流情况，训练者可以控制杯子的倾斜程度。

滤嘴式加盖杯：由奶瓶至杯子喝水的过程中，可用滤嘴式加盖杯（图 2-29），以防止饮料洒出来太多。杯子最好有两个扶手，以训练儿童可以两手握住杯子喝水。对于手部协调不良者可以使用吸管式加盖杯。

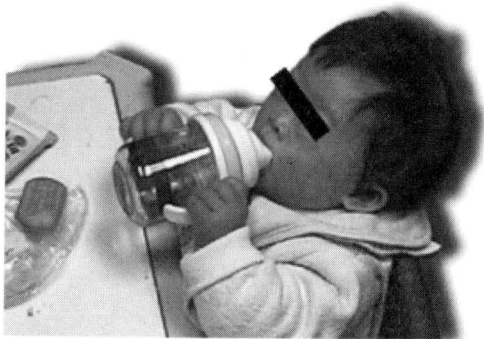

图 2-29　滤嘴式加盖杯

弯口汤匙：适用于缺手腕外旋或腕关节控制较不灵活的儿童，这类汤匙训练有利于儿童的抓握，而且此面最好不要太凹、太深，要使儿童的嘴唇容易抿食入口。

香蕉形奶瓶：奶瓶形状似香蕉，功能似缺口杯，可以让孩子在吸食牛奶的时候，不致有颈部过分伸直的动作。

防滑垫：对于在训练自我进食的儿童，如果儿童以手固定盘子或碗有问题，可以用止滑垫或有吸盘的碗盘。

宽口高缘的碗或盘：或用辅具将盘子的侧缘加高，使儿童容易将食物舀起，而不会将食物推出碗盘外。

第八节　幼儿学习、互动与游戏辅具

本节幼儿学习、互动与游戏辅具编码包括（05）技能训练辅具、（22）沟通与信息辅具。常见用于 0～3 岁幼儿的辅助科技种类包括适应性开关器、适应性开关玩具、扩大及替代性沟通（Augmentative and Alternative Communication，AAC）适应性计算机。它们都能培养儿童控制感和主动性，促进语言发育、认知发育，提供创造性游戏、社会互动以及参与的机会（Kravik，2001）。

一、适应性开关器

适应性开关器可以是电池驱动的，也可以是电子零件。开关器可作为儿童和增强性器材之间的界面，使儿童能够独立操作该器材，如玩具、沟通器、计算机、行动辅具、电器用品、休闲娱乐设备、日常生活设备。选择合适的开关器必须考量儿童的功能障碍、开关器敏感度、开关器大小、反馈、器材耐用程度和安置问题。各类开关器在敏感度、启动所需压力或动作大小等方面皆不尽相同。了解儿童利用不同敏感度开关器的动作能力会有助于选择适当的开关器（Kravik，2001）。幼儿所使用的开关器必须耐磨损，尺寸合适，并注意安置的地点，使幼儿可轻松并正确操作器材。适应性开关玩具提供给了技巧发育程度不一的儿童同样的机会。通过开关玩具可以促进儿童对因果关系的理解。儿童也能进行对玩具特质，如声音、光等的探索。通过适应性开关玩具的使用可促进儿童操弄、追视、动作发育、选择、轮流、沟通、模仿、配对、问题解决、语言发育、社交互动、独立游戏及概念发育。增强沟通辅具可以简单如一张图画，用以协助语言表达；也可以是复杂的、多功能的电子沟通设备。婴幼儿阶段适合使用单信息或2～16个信息辅具。适应性玩具和沟通器材可以提升儿童参与团体活动的程度。研究证实 AAC 可以增加儿童（包括自闭症儿童）的沟通功能（Branson & Demchak，2009）。

　　使用简易开关器的能力是使用计算机的先决条件，在儿童发育早期，计算机可以配合单开关器使用，用来操作玩具的开关器可用来操作计算机，早期的开关玩具游戏是后来复杂的计算机操作的先驱活动，计算机又提供儿童建立与环境自发性互动的下一步。恰当运用计算机于儿童发育活动中，将可促进儿童的游戏、互动、沟通、问题解决及学习能力（Kravik，2001）。如同玩具或增强沟通辅助器合并开关器可作为增强物，为儿童设计的软件也增强计算机相关活动的进行，如探索性游戏、互动游戏、语言发育、讲故事、涂色及其他许多技巧发育（Kravik，2001）。图 2-30 为各类适应性开关。

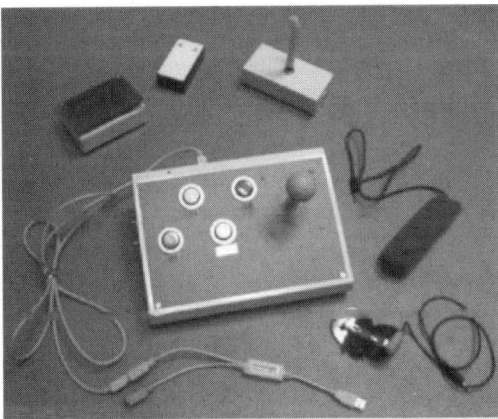

图 2-30　适应性开关，包括挤压式开关、装在发夹上的水银开关、
摇杆开关、特殊键盘、一段式按压开关、两段式按压开关

二、玩具

凡设计、制造、销售、陈列或标示供 14 岁以下儿童玩耍游戏的产品，均称为玩具。表 2-6 为根据我国台湾地区"最新玩具安全检验倡导手册"列出的玩具分类。此外，根据对玩具要素的分析，也可据以提供适应性玩具，以增进发育障碍儿童的玩具操弄能力（Hsieh，2008）。研究发现利用"玩具检核表"检核出的玩具来进行亲子玩具活动设计，能从感官刺激、知动整合活动、精细动作操作、认知功能训练、重复操作及家长参与六个方向，有效促进发育障碍儿童其认知能力和动作能力（包括粗大动作和精细动作）（谢协君与何东墀，2008）。

表 2-6　现有的玩具功能和玩具类型的分类

功能	玩具类型	列举项目
视听	摇篮或游戏围栏附属玩具	床栏玩具、悬吊玩具等婴儿或床附属玩具
	人形 / 非人形玩具	各式玩偶、手指偶等填充或非填充玩具
	音乐玩具	钢琴、鼓、喇叭等玩具乐器
	充气玩具	气球、玩具球等充气玩具
	学习玩具	敲锤玩具、玩偶书、促进视觉 / 触觉 / 智能 / 手指灵活的玩具
运动	骑乘或手推玩具	三轮车、手推玩具车等有轮玩具
	儿童可进出玩具	游戏屋（球池）等儿童可进出的玩具
	大型组装游乐玩具	秋千、溜滑梯等
	玩具运动用品	棒球、篮球、弹珠、玩具球 / 球拍或球类玩具
	抛掷玩具	飞盘、飞镖 / 镖靶、抛圈圈等各式抛掷玩具
	体育 / 竞赛玩具	跳绳、陀螺、溜溜球等各式促进儿童体能发育或竞赛游戏用的玩具
动力	交通工具玩具	各式交通工具玩具（含轨道或标志等配件）
	遥控 / 声控玩具	各式遥控机器人、遥控车
组合 / 认知	建构玩具	各种形状镶嵌组合积木等
	益智玩具	拼图（五百片以下）、骨牌游戏玩具等
	幼教玩具	绘图玩具组、望远镜、显微镜、植物栽培组等各式教育 / 实验 / 观察等玩具
	美劳玩具	黏土、沙画、可组合成玩具的劳作材料
	文具玩具	玩具印章、贴纸、玩具笔等各式文具玩具

功能	玩具类型	列举项目
组合／认知	认知玩具	供儿童学习认知：配对、分类、字母、数字、文字、数学、逻辑、推理等的玩具
社交	武器玩具	各式玩具刀、棍、枪、剑、炮、弓箭、弹弓、战车、战机、战艇、火箭、飞弹等武器玩具
	阖家同乐游戏玩具	叠叠乐、大富翁、棋类等有游戏规则的玩具等
	节庆／装扮玩具	面具、假鼻、假耳、假须、假发、假牙、假指甲、假血刀、变身（装扮）衣饰、手提灯笼、化妆玩具等各式玩具
科学	科技教学	儿童模拟计算机玩具、电子教学玩具、化学或相关科学实验组等各式科技教学玩具
	仿真玩具	钟表、模型、流行饰品等仿真实物品的玩具
一般	电子玩具	手机玩具、电子宠物玩具、玩具录音机、玩具卡拉 OK、掌上电子游乐器等各式电子玩具
	童玩玩具	竹蜻蜓、木偶／傀儡戏人物、竹枪、木枪、风车、橡皮枪、陀螺、扯铃、拨浪鼓等各式童玩玩具
	情境玩具	家家酒玩具、园艺玩具等
	食品玩具	内装食品的造型玩具等
	浴室／水玩具	洗澡书、各式飘浮玩具、有发条的水中玩具、耐水性玩具、沙滩玩具
	游乐玩具	游戏球屋（球池）、文身贴纸、推拉玩具、木马、彩色图案游戏／收集卡、吹泡泡、万花筒、风筝、整人玩具等各式供儿童娱乐游戏的玩具

资料来源：谢协君，2010

第九节　一般儿童用具与运动鞋

一般婴幼儿用具虽不符合辅助科技定义，然而为符合促进健康的世界潮流，本节介绍可供一般儿童使用的用具，及其对儿童发育与安全的影响及注意事项。

一、婴儿用具与儿童发育

为了解婴儿用具使用越多是否对其发育越好，Barlett 等人进行了一连串研究。关于 8 个月大正常足月儿的横断面研究显示：使用婴儿器具的总时间与"阿尔伯塔婴儿运动量表"（Alberta Infants Motor Scale，AIMS）分数呈现显著负相关。而在各个婴儿器具使用时间与 AIMS 得分方面，呈正相关的为多功能学步车；呈负相关的分别为高脚椅与婴儿座椅。而悬吊跳跃器、学步车、游戏床、婴儿秋千则与 AIMS 得分无显著相关（Abbott & Bartlett，2001）。关于 8 个月大早产儿的回顾性研究则显示使用电动秋千的时间越长，AIMS 的分项中的趴姿、坐姿及总分的得分越低；使用器具的总时间越长，AIMS 坐姿及站姿的得分越低（Bartlett & Fanning，2003）。

Siegel & Burton 对 6 ~ 15 个月大的婴幼儿研究婴儿学步车的使用与动作发育的结果显示，没有使用学步车及使用看到脚的学步车的儿童组，会比使用遮住脚的学步车其动作发育（BSID-Ⅱ PDI）与认知发育（BSID-Ⅱ MDI）更好（Siegel & Burton，1999）。

Crouchman 发现学步车的使用状况与爬行的能力有关（使用时间越长，爬行能力越延迟出现），而独坐和独走的能力出现时间和使用学步车时间的多少并无显著的关系（Crouchman，1986）。

Kauffman & Ridenour 在 1977 年及 Ridenour 等人在 1986 年也发现是否使用学步车与达到独立行走的月龄无关（Kauffman & Ridenour，1977； Rieder et al.，1986）。但 Kauffman 和 Ridenour 发现使用学步车与走路的步态有关，开始独立行走后，使用学步车的婴幼儿膝盖弯曲及步长较小，身体较容易往前倾，但若不再使用学步车后，这种暂时的现象就消失了（Kauffman & Ridenour，1977）。

此外，美国医学会也提出警告，学步车所导致的意外层出不穷，如头部外伤，眼睛、颜面伤害，骨折，严重的还会脊椎骨折、死亡，因此目前已有改良的学步车设计，如多功能学步车，可以在原地转动但无法移动，以免儿童在单独使用学步车时从楼梯上坠下。一些协会也呼吁避免使用传统学步车，它们可能造成危险，而且不会促进婴儿行走能力的发育。

上述的各项研究显示，婴儿用具使用越多并不见得越好，不同用具对发育的影响也不同，给婴幼儿使用传统学步车要有非常好的安全防护措施。婴儿用具与发育的关系是否为因果关系，有待进一步研究。

二、儿童运动鞋

Rao 与 Joseph 研究穿鞋对一般儿童足弓发育的影响，分析了 2300 名 4 ~ 13 岁的儿童足底印，结果发现早期有穿鞋者，有扁平足的流行率是 8.6%，而无穿鞋者是 2.8%，穿鞋者通常脚底韧带较松，且穿着包头鞋者，其扁平足流行率也高于穿拖鞋或凉鞋者（Rao & Joseph，1992）。另一个 1851 位 3 ~ 18 岁儿童的调查结果显示，乡下没穿鞋的儿童比较多，而乡下儿童扁平足的比率低于城市儿童；3 ~ 4 岁儿童大部分有生理性扁平足，然而随着年龄的增加，扁平足的比率也随之下降（Echarri & Forriol，2003）。因此，一般儿童若有一段时间赤足，可促进足弓发育，但此是否可推论至肢体障碍儿童尚未知。

（一）选购运动鞋要点

根据文献回顾，Walther 等人提供了帮助儿童购买运动鞋的 10 个要点（Walther，2008）：

（1）一个月确认一次鞋子的合适度，检查是否因鞋子太紧而造成脚上红印，儿童的脚成长迅速，可以一年换三种尺寸的鞋子。

（2）鞋子长度需比脚长多约 1.7 厘米，后足长∶前足长 = 63∶37。

（3）鞋子有一点长和窄比太短好。

（4）确认鞋子底部有足够的弹性及柔软度，前足弯曲的折痕不应在中足的位置。

（5）运动鞋不需要有高跟，鞋跟越低越好。

（6）学龄儿童的鞋子要有一定减震的效果。

（7）足部的正常发育中，会有一段足弓扁平时期，因此不需有足弓垫。

（8）确认鞋子能透气，因为儿童的脚流汗较成人多。

（9）一天中最佳试鞋的时段为下午，因为走路和站立一整天而使脚有些肿胀，在这个时段买以确保鞋子不会太小。

（10）鞋子的边缘要有良好的衬垫。

（二）各年龄层儿童的运动鞋选购重点

随脚的成长与儿童的活动量改变，各年龄层运动鞋的选购重点不同（Walther，2008）：

（1）0 ~ 1 岁，不需运动鞋。

（2）1 ~ 2 岁，鞋子的作用为保护，避免季节温度变化及环境的伤害，因此应选择柔软有弹性的鞋子，让脚可以似赤足般自由活动。

（3）2 ~ 4 岁，这个年龄幼童走路与自行活动增加，也开始上幼托园 / 所，生理性扁平足也最明显，应选择有鞋后帮支持、平坦及柔软底部的鞋子；不需要有足弓垫支持，以免影响正常脚部发育。

（4）4 ~ 6 岁，大部分的幼童此年龄段都进入幼儿园并开始参加许多需要走路、跑步或爬楼梯的活动，建议选择包住脚踝、后方足部稳定的鞋子。这是一个容易产生脚踝扭伤的时期，因大部分的孩子在这个年龄所参加的体育活动都在室内，皮革底的鞋子对室内地板来说太滑，但若是橡胶材质底又会产生过多摩擦力，所以应慎选。

此时期仍不需要选择过多足弓支持的鞋子，而是要有平坦的底部及好的前足部柔软度，以 45 度角将鞋子压向地面时，前足弯曲的位置是在跖趾关节。

（5）6～10 岁，此时期儿童开始上学，有更多体育活动，这些活动对脚跟产生更多的压力，且随着体重增加，地面反作用力也会跟着增加，因此需要有避震效果的鞋子。但这个时期儿童也需要适当的压力来刺激肌肉骨骼生长。此外，这个年龄层的男女在足部形状发育开始有明显差别，因此挑选鞋子时应该要注意性别差异。

儿童不适合鞋跟太高的鞋子，但市面上通常都是在鞋跟或脚跟部分垫高的鞋子，而目前已证实成人的运动鞋鞋跟垫高 1.2 厘米是最理想的高度，因此较实际的做法是，儿童在进入学龄时可开始穿鞋跟稍微垫高一点的运动鞋，之后再慢慢增加鞋跟高度至 1.2 厘米。

（6）12～15 岁，这个年龄层脚的尺寸与足部结缔组织几乎和成人一样稳定，可以用成人的方式去选择鞋子。根据运动的种类、脚的形状、地面的材质及个人的喜好去选择不同减震程度的鞋子。

三、安全座椅

（一）汽车安全座椅指引

美国儿科医学会于 1996 年提出关于如何选择汽车安全座椅及如何放置婴儿于安全座椅内的指引（American Academy of Pediatrics Medical Specialty Society，1996），并于 2002 年根据最新研究结果再更新指引（American Academy of Pediatrics Committee on Injury and Poison Prevention，2002）。以下仅摘取部分说明。

1. 安全座椅选择

（1）早产儿及较小的婴儿不应在放入安全座椅前先包上保护垫、腹部护垫或是可能在撞击时会直接接触婴儿的脸或颈的物体，而造成儿童伤害。正确做法是，儿童在安全座椅固定好后，再将毛毯盖在安全椅上。

（2）很多新车配备有内建之面向车前的安全座椅，适合 1 岁以上且体重大于 9 千克的孩子。若有未满周岁或体重未达 9 千克的宝宝，要用另一个适合其年龄及体型的安全座椅。购买新车时，要同时考量内置儿童安全座椅最适当的设计。

（3）有特殊医护需求的儿童应该有一些约束系统。这些信息可参考 *Transporting Children with Special Health Care Needs* 一文（American Academy of Pediatrics，

Committee on Injury and Poison Prevention，1999）。

2. 安全座椅安装

（1）父母需详读汽车手册与约束儿童系统指引。在安装时务必确实用安全带将之绑紧并测试，以避免由于安全座椅、汽车座椅及安全带不兼容而造成生命安全问题。"儿童下定锚与拴绳"（LATCH）为新设计的固定安全座椅用具，在美国，2002 年 9 月以后所有新车都配有此用具。

（2）婴儿乘坐专用的安全座椅，椅背应倾斜约 45 度，以避免头部垂下而阻塞气管。如果汽车后座椅面的下斜程度太大，使面朝后的安全椅前倾，造成婴儿头部前倾，则安全座椅椅背要调成 45 度。如果安全座椅椅背无法调整，则可用报纸或毛毯垫在汽车后座的后椅面，以调整角度。

3. 将儿童放入安全座椅的方法

（1）朝向车尾的婴儿专用的安全座椅，肩部的固定带插槽座要位于婴儿肩膀水平处或略低。固定带要紧贴合身，定位夹需在儿童的腋下，而非在腹部或颈部。

（2）朝向车前的幼儿安全座椅，肩固定带须位在儿童肩膀水平处或略高，固定带要紧贴合身，定位夹需在儿童的腋下。安全座椅仅能在儿童体重尚未达上限，或耳朵上端还未达安全座椅椅背上端时才可继续使用。

（二）早产儿汽车安全座椅注意事项

有关安全座椅的种类与形状可参考 Cpsafety 网站，此外"巴掌仙子关怀协会"网站提供了有关早产儿使用安全座椅的建议。

（三）特殊儿童的交通安全指引

针对需要特殊医疗照护的儿童，美国儿科医学会也提出交通安全指引，以下为部分重点（American Academy of Pediatrics，Committee on Injury and Poison Prevention，1999）。

需要特殊医疗照护的儿童在安全运输方面应该有途径去获得适当的资源。需要特殊医疗照护儿童包含了身上有支气管切口、髋部石膏固定、情绪行为异常、具不正常肌肉张力的儿童及乘坐轮椅儿童。

1. 特殊儿童安全座椅重要考量点

（1）特殊儿童的出院计划应包括汽车内安全椅的使用、安置与训练。应提供给具医疗问题的儿童一个在交通过程中发生紧急医疗状况的特别照护计划。

（2）鼓励家长、健康照护专业人员及教师将特殊儿童的交通需要整合到"个别化教育计划"中。

（3）对于特殊儿童，交通安全的资源与发展已有快速的改变。美国儿科医学会出版的《特殊需求儿童的汽车座椅购买原则》（*Car Seat Shopping Guide for Children With Special Needs*）对于家长、健康照护专业人员和学校司机是一本有用的参考书。

2. 乘载不正常的肌肉张力儿童的注意事项

（1）对头部控制不佳的幼儿，使用有工厂认证的婴幼儿两用型汽车安全座椅，使其面朝车前且呈半倾斜姿势。

（2）对任何无法维持适当姿势的儿童，由毛巾或尿布所制成的裤裆处滚筒，可放置在儿童的两腿之间；骨盆带可以将髋关节固定在椅子上并预防儿童从椅子往前跌落。

（3）可以用毛毯卷、毛巾卷或泡绵制滚筒当作儿童侧边支持物。

（4）为了调整儿童姿势，常将软垫放置在颈后及头侧。然而软垫不应该被放置在儿童背后或屁股下方。在冲击发生时，软垫（例如毛毯、枕头或软质泡绵）将被压缩，而使儿童无法被稳定固定。

（5）泡绵制滚筒或毛毯卷可以被放置在儿童的膝下，以抑制高张或后弓反张姿势。

第十节　辅助科技疗效

一、辅助科技对特殊儿童的成效

评估辅助科技对特殊儿童的成效，依 ICF 模式，包括活动与参与、身体功能与构造及环境面向等。学者研究显示 GMFM-88 可敏感侦测到科技辅具对脑性瘫痪儿童的粗大动作功能造成的改变（Russell & Gorter，2005）。辅助科技对各发育方面功能的研究显示，以 PEDI 功能与照顾者协助部分及家长主观判断探讨辅助科技对 2～8 岁脑瘫儿童的疗效，结果显示家长认为辅助科技对儿童的移动功能有中到高效应者占 50%，生活自理功能占 25%，社会功能占 20%；此外 65% 的家长认为使用辅助科技可以减轻对儿童移动照护的负担，75% 认为可以减轻日常生活自理照护的负担，仅 25% 可以减轻社会功能协助的负担，因此辅助科技对于儿童功能的独立性与照顾者协助方面在不同的功能面向有不同程度的助益，因此要特别注意个案对辅具的个别需求（Ostensjo & Carlberg，2005）。

辅助科技对特殊需求儿童及其照顾者成效的系统性回顾文献显示，有正面成效的方面包括儿童使用计算机、儿童活动的协助程度、行为、沟通、独立进食、生活自理、移位、环境修改、营养及姿势稳定性，然而过去研究较少有关照顾者的成效（Henderson et al., 2008），且证据等级大致为Ⅲ–Ⅴ，少数使用具反应性的疗效评估工具。对认知障碍个案的辅助科技成效证据目前仍不足（de Joode et al., 2010）。

二、摆位／摆位辅具的成效

（一）一般幼儿

研究发现 2 ～ 8 个月大婴儿每天趴着玩超过 15 分钟者，其粗大动作发育比躺着玩的婴儿好（Bartlett & Kneale, 2003； Majnemer & Barr, 2005； Monson et al., 2003； Salls et al., 2002； Kuo et al., 2008）。为什么趴着玩与进粗大动作发育有关呢？除了在特定的姿势下进行重复性、协调性的动作会影响到特定动作形态的发生（例如趴姿的活动会影响到翻身、爬行的发育）之外，趴着玩会增加颈部与躯干伸直肌的肌力，进而增加抗重力的伸直技巧的学习与练习机会，而且在婴儿早期，趴姿是一个功能性与机动性强的姿势，婴儿可以在这个姿势下进行主动的学习，进而促进整体性的动作发育。然而，也有研究显示，运动的时间比俯卧时间对粗大动作发育影响更大（Bridgewater & Sullivan, 1999），俯卧时间与精细动作发展有负相关，而支持性坐姿时间与精细动作发育有正相关（Majnemer & Barr, 2005），因此在婴儿早期提供多样姿势经验，应有助于其各方面的发展。

（二）早产儿

以围巢为支托物，将早产儿置放在躯干屈曲，手就口，双脚靠近腹部，髋部内缩的姿势，建构一个似在子宫内的姿势及环境，得到良好的支托与个别的边界感，可平躺、侧躺及俯卧，即所谓的筑巢。筑巢可显著降低早产儿接受视网膜病变筛检的不舒服程度（Slevin & Murphy, 1997），然而住院期天数与体重增加无显著影响（Symington & Pinelli, 2003）。用布将早产儿包裹似子宫内姿势，其摩根新生儿神经行为检查的分数较无布包裹者高（Symington & Pinelli, 2006）。

至于俯卧或仰卧姿势对早产儿的影响，文献回顾结论为俯卧较仰卧或侧躺的效果包括：增加血氧压，降低血二氧化碳压，降低呼吸频率，增加呼吸动作协调性，降低无呼吸发生率，增加睡眠时间，减少胃食道反流，增进自我安抚与意识状况自我组织能力等效果；但由于伸肌相对过强与重力的影响，俯卧可能使早产儿塌平姿势更明显，即缺乏足月儿的屈曲姿势（Monterosso et al., 2002；

Monterosso et al.，2003）。然而探讨俯卧或仰卧照护姿势对早产儿长期影响的随机对照试验研究不多（Symington & Pinelli，2006）。

Monterosso 等为探讨小于 31 周早产儿使用或不使用姿势支持性尿布与滚筒协助早产儿于俯卧姿势 21 ~ 48 天的效果，至足月年龄，使用姿势支持性尿布可有效改善髋部姿势，而滚筒则可有效改善肩部姿势（Monterosso et al.，2003）。

（三）身心障碍儿童

对脑性瘫痪儿童的研究显示，整个座椅在正中位置至向前倾斜 15 度间，对其上肢功能有良好效果，若加上髋关节固定带、脚底支撑、髋外展支架及镶入式桌面，可有长期效果（Stavness，2006）；但对于躯干低张力者，座椅向前倾斜可能使其上半身不稳定（McNamara & Casey，2007）。量身定制座椅系统对重度脑性瘫痪儿童的姿势控制效果也有成效（Chung et al.，2008）。一个张力异常重度脑性瘫痪儿童，以站立架及楔形物使其维持在对称且具功能性姿势，其使用量身定制的座椅情形可参见图 2-7B。Akbayrak 以 AB 研究设计，针对 16 位 4 ~ 13 岁痉挛型脑性瘫痪儿童，探讨反射抑制形态摆位对于痉挛程度的改变，摆位为坐姿下，髋关节外展 45 度合并外旋，膝盖伸直，脚踝保持正中，维持此姿势 20 分钟后，再测量其痉挛程度和被动踝关节角度。发现其痉挛程度和被动关节角度都有显著进步，被动踝关节角度可从 4 度进步到 13 度（Akbayrak，2005）；然其长期效果仍不清楚。但对使用何种椅面或椅背倾斜角度可有较佳的姿势控制或上肢功能，目前尚无定论（Stavness，2006；Chung et al.，2008）。仍需有更多的实证资料以支持座椅系统对脑性瘫痪的效果（Chung et al.，2008）。

为了解用站立辅具对不能行走脑性瘫痪儿童的骨质密度效果，将 26 位 4 ~ 11 岁脑性瘫痪儿童，随机分为二组，一组为站立时间不变，另一组则增加站立时间至 1.5 倍。9 个月后，比较实验前后两组儿童的脊椎及胫骨的骨质密度改变。结果显示，加长站立时间组，其脊椎骨质密度会相对增加，但两组胫骨骨质密度并无显著不同。因此延长站立时间或许可以减少脊椎的骨折危险性，但无法减少下肢骨折的危险性（Caulton et al.，2004）。

适当的座椅和摆位对身心障碍儿童的可能效果如下（Aubert，2008；Bergen et al.，1990；Cook & Hussey，2002；杨炽康，2002；O' Shea et al.，2006）：

（1）发挥最大的姿势稳定性来增进功能，如手部功能、心肺功能、口腔动作功能，进一步促进其心理社会方面发育与社会参与。

（2）使身体的不正常张力与反射正常化或降低其影响，如脑性瘫痪。

（3）在发育过程中促进正常的动作形态、下肢承重。

（4）维持中央骨骼结构排列，并保持主被动关节运动在正常的范围；控制或预防次发性并发症，如关节挛缩、脊柱变形。

（5）姿势调整及平均其压力分布，防范褥疮，如脊髓损伤儿童。

（6）可增加舒适度与耐受程度，促进儿童自处时间，并促进人际互动与学习。

（7）增进心肺功能及消化功能。

（8）促进或维持照护成效（如治疗、护理、教育），可使日常生活照顾更方便、更安全。

三、移位辅具于身心障碍儿童的疗效

对于重度肢体障碍儿童而言，移动辅具有以下几种功效：儿童表现出正向情绪、社会与智能反应（Douglas & Ryan, 1987）；较少依赖口语指令来控制环境，对移动技巧较感兴趣，在同伴活动中表现较为主动（Paulsson & Christoffersen, 1984）。研究也显示，经由移位辅具而具行走功能的幼童比因无移位辅具不具行走能力的幼童表现出较多的选择行为（Butler, 1986）。总结移位辅具于身心障碍儿童的疗效（Aubert, 2008； O'Shea et al., 2006），包括：①可促进功能性移动独立性，进一步促进其参与及自我效能的发展；②可使日常生活照顾更方便更安全，譬如推车、转位器、移位；③可增进其身体活动量，进而促进其体适能。

此外，过去研究也显示，电动移位辅具对严重肢体障碍儿童的功效如下：

（1）头部与躯干稳定度增加，动机增强，对自我移动信心提高（Butler, 1986）。

（2）探索行为增加，也于活动中增加感觉信息的运用及整合能力。

（3）使用"暂时性电动移位辅具"（TPMA）两周后，婴幼儿与别人的眼神接触与口语及沟通增加、睡眠形态改善、手臂主动动作增加（Wright-Ott, 2001）。

问题与讨论

1. 请讨论 HAAT 模式在评估及干预中的运用。

2. 请讨论摆位辅具与摆位姿势于早期干预的作用与使用注意事项。

3. 请讨论移位辅具于早期干预的作用与使用注意事项。

4. 请比较仰卧站立架与俯卧站立架的异同，并比较它们分别适合哪些儿童？

5. 根据儿童坐的不同能力给予相应类别的座椅系统。

6. 对于已可扶家具移动但无独立行走能力的 2 岁发育迟缓儿童，你会建议使用哪种行走辅具，理由为何？

7. 请讨论对于 5 岁的痉挛型脑性瘫痪儿童，已可爬行并扶家具行走，准备上小学，你会建议使用哪种行走辅具，理由为何？

8. 请讨论对于 GMFCS Ⅳ 的 3 岁脑性瘫痪儿童，你会建议使用哪种移位辅具，理由为何？

9. 请讨论，根据实证研究，对于痉挛型脑性瘫痪儿童，决定用何种 AFO 的参考因素为何？

10. 请讨论斜口杯、缺口杯或弯口汤匙的主要作用？

11. 请讨论一般儿童使用学步车的优缺点为何？

12. 请讨论助行器高度、两轮或四轮、单向轮或 360 度自由转动轮对儿童推行助行走的影响。

13. 请根据周围的玩具讨论其种类，并分析其要素。

第三章

特殊需求儿童居家照护

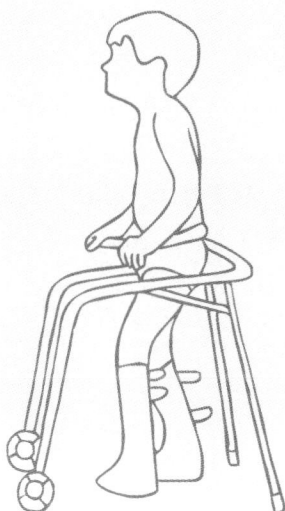

第一节　前　言

　　早期干预人员对 0～2 岁的婴幼儿及其家庭应依婴幼儿及家庭的特殊需要而拟订"个别化家庭服务方案"（Individualized Family Service Plan，IFSP）。小儿物理治疗的干预模式，已由以儿童为中心模式转为以家庭为中心的功能取向模式。除直接治疗外，教导与咨询更重要；也就是小儿物理治疗师要将治疗计划融入日常生活中以利父母执行，并与儿童家属或主要照顾者共同找出适当的日常生活照顾手法与环境安排，并充分提供患儿家人所需的信息与心理支持。美国的调查研究显示，在 1999—2000 年间，有 68% 的早期治疗干预在家中执行（U.S. Department of Education，2002）。居家照护中的主要照顾者是专业团队中的重要成员。美国家庭照顾者协会对照顾者的定义为：能提供给失去能力的个案一定程度帮助的任何人。被照顾者可能是老年痴呆的祖父、头部外伤的儿子、肌肉萎缩的孙子等。中国台湾家庭照顾者关怀总会对家庭照顾者的定义为：不论年龄大小，只要是提供照顾给因年老、疾病、身心障碍或意外等而失去自理能力的家人，即称为家庭照顾者（陈惠姿，2009）。照顾内容主要为被照顾者的①身体照顾、②家务处理、③医疗照护、④社会经济支持、⑤心理支持、⑥相关问题行为的处理（陈惠姿，2009）。

　　因为知觉动作障碍儿童或年龄较小的发育迟缓儿童以动作发育障碍为主，所以在跨专业团队模式中，小儿物理治疗师常为主要诱发者。主要诱发者应具备婴幼儿发育治疗师或个案管理员的理念与能力，在此环境下物理治疗师就应具备婴幼儿发育治疗师或个案管理的理念，以促进儿童的整体发育。因此本章以"间接治疗"及"就地个案管理员"的概念来介绍身心障碍儿童居家处理概念与技巧。

　　在早期干预中，儿童家长具服务提供者与服务接受者的双重角色（万育维与王文娟，2002）。家长照顾孩子生活，协助儿童执行家中的治疗工作及儿童与家庭生活计划的管理（郭煌忠与林美瑗，1999）。家长为早期治疗团队中的成员，所以家长与专业人员间的沟通非常重要；家长期盼了解儿童的相关问题与处理方式，但每一位家长的认知、期望与经历皆不相同，因此专业人员与家长沟通方式也略有不同。

　　然而最重要的是要以同理心去倾听家长的诉求，帮家长解答所遇到的问题，以建立家长对儿童的正确期望，当早疗干预者与家长会谈时，通常家长会问类似的问题，如"为何我的孩子会这样？""他要多久才能走路？""他将来可不可以跟普通孩子一样？""他的认知学习能力会不会受到影响？"，早疗干预人员应尽量根据家长的疑问来评估儿童，以解决家长的疑问。

此外，应根据所得到的评估和观察结果与家长交换意见，建立儿童合理的治疗目标，必要时可利用录像协助家长了解其孩子的问题，并示范一些训练的方法。同样，家长也可利用录像记录儿童的家中表现，以协助早疗干预人员了解儿童真正的优势与弱势。总而言之，双向的沟通在早疗团队里是最重要的一环，它决定早疗计划能否成功（Finnie，1997）。本章节所给的一些建议对于已进入托儿所或发育中心的孩子也能适用，然而针对在发育中心或托儿所上学的儿童，其相关的建议也可参考教育系统中的物理治疗章节。此外，对于年龄在 6 岁以上儿童，应逐渐加强对其居家自我训练与自我负责的态度，不能再一味地依赖家长。

特殊儿童的早期干预目标：亲子关系良好、营养足够、具知觉学习与动作能力、生活自理独立、具有与外界沟通与互动能力、良好的自我调适与自我控制能力、外表接近正常、儿童与家人有较好的生活品质。此外，特殊儿童也是儿童，在不同的发育阶段也有不同的发育任务，因此在设定居家处理计划时，请根据儿童的生理年龄或发展年龄与环境需求所需要的任务能力，将之融入 IFSP 中。本文所用"家长"一词为广义的，代表着主要照顾者或儿童教导者。

第二节　家庭系统的概念架构

在以家庭为中心的早期干预的潮流下，物理治疗师主要服务的对象应转移至家庭，而不仅是儿童，因此对家庭系统应有一些概念架构。早期干预的世界潮流是以家庭为中心的方式，因此小儿物理治疗师身为早期干预服务提供者，必须对家庭系统有基本的认识。根据 Turnbull 等人的研究建构的家庭系统架构如图 3-1 所示。

一个家庭可以包括功能系统、互动过程、特性系统以及彼此间的动态关系。特性系统指家庭的特性，包括家庭特质、个人特质及特殊挑战。家庭特质指的是家庭的大小（包括大家庭、小家庭 / 核心家庭、折衷家庭、单亲家庭、双薪家庭）、文化背景、经济以及家庭所在的地理社区环境等；个人特质指的是家庭成员的健康、个性以及对压力的因应能力等。家庭功能一般即情感维持、自我概念的形成、精神支持、经济供给、日常生活的照顾、社会互动、休闲娱乐及教育功能等。而家庭互动系统指家庭的次系统，包括父母的婚姻、亲子、手足以及扩展家庭之间的互动过程，也包括家庭的适应力及凝聚力。

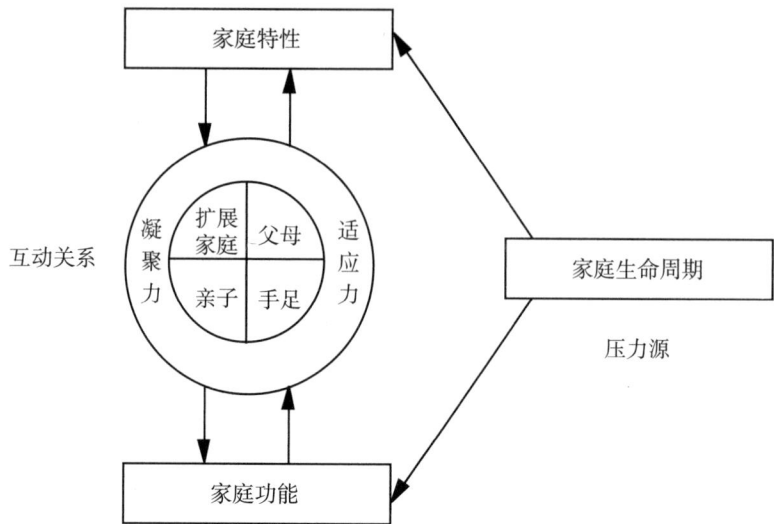

图 3-1　家庭系统架构（参考自 Blascoe，2001）

此外，随着时间的进展，一个家庭在不同的时间点都有其生命周期，对儿童而言，包括幼儿期、学龄期、青少年期及长大就业。不同时期，家庭会面临不同的生命周期事件，不同的事件会对家庭特性或家庭功能造成一些改变，如因应家庭成员不同年龄阶段的需要而调整，配合环境转变而重新作角色分工，善用内外资源克服新挑战（Turnbull et al.，1984）。亲子互动在早期干预中尤其重要，早期干预应着重此方面的评估与干预。家庭各系统包括：

（1）家庭特性（诸如文化背景、家庭形态、特殊挑战）。

（2）家庭互动（夫妻、亲子、手足以及扩展的家庭成员之间的关系）。

（3）家庭功能（家庭的任务或责任，诸如情感、社会化、经济、教育以及日常生活照顾等）。

（4）家庭生命周期议题（发育阶段以及转衔）。

家庭功能中，父母的亲子互动、亲职能力或父母教导技巧在早期尤其重要。此外，父母的健康认知力包括对基本健康信息及医疗服务的取得、理解、应用的能力。在早期治疗方面，最重要的是发展迟缓儿童的父母是否有能力去阅读与理解儿童发展评估报告书、预约单和医疗健康相关的物品，个人有能力去获得、程序与了解基本的健康（医疗）讯息做出适当的健康决策。

第三节　在以家庭为中心的模式中物理治疗师的专业能力

物理治疗师在以家庭为中心的服务模式的专业能力应着重（Kolobe et al.，

2000）：

（1）与儿童的家人合作能力。

（2）观察、晤谈、咨询与教导技巧。

专业人员与儿童家人建立合作关系，协助家长利用自己的力量挣脱生活中所受的束缚，尝试追求自己想要的生活，即所谓充权（万育维与王文娟，2002）。另外，专业人员还要向家人解释儿童及环境的评估结果，与儿童家人一起建立 IFSP 长短期目标，将训练融入日常生活作息中，加强亲职能力，并教导家人利用家中现有的资源及社会资源。

一、家中环境的评估

要设计居家处理计划时，除了儿童本身的评估外，还要进行居家环境评估，包括硬件与软件的评估。家庭评估可以使用已设计好的评估量表，如"生活作息表""家庭环境观察评估量表"（Bettye et al., 2003），也可以使用专业人员自行设计的评估量表。

二、儿童的评估与建议

除了一般儿童物理治疗评估的解释外，应教导父母如何观察儿童在居家生活的行为与反应；给予亲子互动与环境安排的咨询及促进亲子互动的干预技巧。例如考虑儿童目前的发育情况，给予能力所及的操作玩具，避免给予太难操作的玩具。鼓励照顾者与儿童建立良好依附关系，并仔细观察婴幼儿的反应及需求并给予适当回应。照顾者对儿童的回应依照不同成长阶段，其策略包括眼神接触、肌肤接触、对声音回应、对情绪反馈、模仿表情、微笑、用语言安抚、正面的鼓励、一起玩游戏、包容个别差异及耐心等待（Vacca，2001）。

三、利用家中现有资源

居家处理评估，是利用家访了解个案家中的环境与现有的资源，教导家长如何使用家中现有的资源来训练儿童，而非建议家长额外购买大量的器具。比如将家中的矿泉水瓶装上不同颜色的亮片，就可以当成促进视觉刺激的玩具；在矿泉水瓶内加入不同量的米便可成为肌力训练的器材；桌、椅、纸箱或棉被稍加变动，即可成为合适的摆位辅具。

四、将训练融入日常生活作息中

在特殊儿童的家庭中，家长的压力高于其他父母，为了减轻家长照顾或训练特殊儿童的压力，应该将训练计划融入日常生活当中，如借由携抱可以训练儿童的动作姿势控制；借由穿衣可以帮助儿童使用手或认识身体；借着喂食可以增加认知与沟通能力。更重要是，父母要以轻松的心情进行，既可协助孩子发挥潜能并享受亲子互动的乐趣。一个时间段中，家中训练的活动与目标不宜太多，通常不得超过 5 项，以免家长无法负荷。可参考图 3-23 卡罗来纳婴幼儿课程家中活动的范例。

五、协助父母利用社会资源

治疗师如具有基本个案管理概念，除了教导父母在家训练方法外，应主动告知家长有关家长团体、社会福利与特殊教育等的相关讯息，并帮助家长利用社会资源，才能真正让他们得到充权。

第四节　与儿童家人建立信赖联盟

欲与儿童家人建立信赖关系，专业人员应有八大义务，包括（万育维与王文娟，2002）：

（1）了解自我：当专业人员越了解自己，也就会越了解以及欣赏他人的人格特质与行为。

（2）了解家庭系统架构：可以帮助专业人员有效率地协助家庭成员（见图 3-1）。

（3）尊重文化差异：试着设身处地。

（4）肯定并强化家庭的效能：是支持家庭成员提升自我效能的重要方法之一。信赖关系的建立应基于尊重家庭固有的互动形态、特性及功能，以及通过合作的过程增强彼此的潜能，绝对不能责怪父母。

（5）提升家庭的选择：

①选择参与决策过程的家庭成员。

②讨论优先顺位的决策权。

③决定哪些家庭成员将参与服务输送过程。

④决定家庭与专业间的合作方式（如会议时间与地点）。

⑤决定自我揭露成分的多少。

（6）肯定父母的期待：许多研究指出，不管孩子正常或障碍，父母都对其抱有期望，父母的期待会影响青少年的学业成就和生涯发展。

（7）正向的沟通：这对于老师与家庭成员来说特别重要，当专业人员与家庭的沟通越正向越具建设性，与家庭建立信赖联盟的机会就越大，也就越能建立充权的环境。

与家庭沟通过程中，治疗师要能充分掌握沟通步骤，以使沟通顺畅。沟通步骤包括：传送者确定沟通的理论／想法／感受；传送者将理念转化为讯息，选择使用的沟通媒介；传送者克服沟通障碍将讯息传达出去；接收者正确接受讯息；接收者解读讯息；接收者对讯息做出回应；传送者回应。

口语的回应是促进沟通的重要技巧。口语沟通技巧包括：进一步地回应、释义、情感回应、发问、简述语意。对沟通有兴趣的读者，请进一步参考萧淑贞与李明滨的著作（1998）。除了口语以外，还可使用非口语的沟通。非口语的沟通范围相当广，不仅限于说与写，还包括了手势、脸部表情、音量大小、肢体动作等。这些非口语的讯息也会传达给对方，但我们往往忽略了，如肢体语言所传达的讯息效率通常大于口语内容。因此，专业人员如果想要改善与家庭成员的互动，必须使用非口语技巧，诸如肢体上表达关心。此外，倾听代表接纳，也是建立信赖联盟的重要因素。专业人员可善用主动倾听：表现出很感兴趣，以回应、问问题，甚至分享自己个人的经验来促使谈话继续。另外一项技巧是同理心，即设身处地地感受对方的感觉。

（8）赢得家庭的信任与尊重：建立信赖联盟及充权都需要的重要元素就是信任及尊重，当与家庭形成了信任以及尊重的关系后，将会提升合作与充权的机会；当专业人员赢得家庭的信任后，便创造了各种可能性的机会。

第五节 特殊儿童的家庭

"个别化家庭服务计划"是为了让家庭和服务提供者以合作方式来实施早期干预服务。服务提供者必须以系统性透视图了解特殊儿童家庭（Blascoe，2001）。

一、家庭特性与功能

有发育迟缓儿童可成为家庭的压力事件，因此会影响家庭特性与功能（Blascoe，2001）；然而研究也显示，有发育迟缓儿对某些家庭虽有负面冲击，但对另一些家庭却可能是正向影响，依赖社会支持系统与家庭适应力及凝聚力等因素。

二、亲子互动与亲子关系

一个家庭中的互动关系可以分为几个次系统，包括亲子、手足、父母、扩展家庭成员等，其互动关系可以从适应力及凝聚力两个维度去评估。家庭适应力指一个家庭因应事件而改变结构、角色关系与规则的能力；家庭凝聚力指将家人维持在一起的情感联系力（Blascoe，2001）。亲子互动过去使用单向取向，评估父母对儿童的控制、爱的程度、成熟度要求与沟通方式，及其对儿童发育的影响；目前较采双向取向与系统取向。双向取向认为亲子双方特性会影响其互动关系，儿童是一个主动有能力的个体，即使是新生儿，其行为也会影响父母。系统取向更进一步认为多种生物心理社会系统也会影响亲子互动关系。发育迟缓儿童与其主要照顾者间的互动常与一般儿童不同，因此早期干预者要协助父母去了解迟缓儿童发出的信息与意义（Blascoe，2001）。研究显示，母亲有亲职本能，因此在一般情况下，亲职本能与新生儿本能会相互调适，而建立和谐互动与亲密情感联系关系。但脑损伤婴儿的异常姿势动作或有过度哭泣等问题行为会影响照顾者的亲职本能，若未适当协助，会使其亲子互动关系转向恶性循环，造成儿童更严重的发育问题（Papousek & von Hofacker，1998；de Raeymaecker，2006）。研究显示对正常体重足月儿，母亲刺激及互动越多其儿童 BSID MDI 分数越高；但对体重过轻儿童，则母亲安抚越多婴儿越安静，其 BSID MDI 分数越高（Watt，1986）。因此，不同特性的儿童，其亲子互动方式要不同，亲子间能适配是最重要的（Shaffer，2002）。

三、特殊儿童家长的心路历程

当知道自己的孩子是发育迟缓，大部分家长会经过以下心理反应：否认、挽回、愤怒、沮丧、接纳。一开始，大部分家长无法面对现实，会拒绝迟缓儿童，或否认其孩子有毛病，抑或认为诊断可能有问题，试图去寻求其他方式以医治儿童。在确定儿童的迟缓事实时，愤怒的情绪或许会爆发，对象包括儿童或他人（含专业人员）。此外，家长常面对的另一个问题是如何告诉亲戚、朋友和邻居，有些家长会因为觉得羞耻而加以隐瞒，而导致另一个沮丧、困窘和孤立的问题。仅有进入接纳阶段的家长，才可能自在地参与团队讨论，依儿童能力协助儿童，有原则地管教儿童，与老师和其他专业人员合作，并善用自己的时间（Finnie，1997）。

干预之初对家长的心理建设与正确概念引导是非常重要的。专业人员应告知家长，当儿童逐渐长大成人时，其快乐与幸福完全取决于社会对他接纳的程度。因此，首先家长要能接纳儿童，且要体认儿童被社会接受的重要性，并持之以恒地训练。因为持久的训练及是非标准清晰的学习环境对儿童而言是必要的。此外，培养正当的社会行为，要先从家里开始做起，在家里可建立最初且最重要的人际关系。随着儿童的生长与能力的增加，为了使儿童得到适当的发育，家长要不断地增强与儿童的联系；不断地鼓励儿童适应新环境新任务，使儿童逐渐在身心方面皆达到自信、自我负责、自我倡导的独立状态。

四、身心障碍儿童家庭的常见压力源

早疗干预专业人员，尤其是个案管理员，应能侦测到家庭压力源并协助减轻（万育维与王文娟，2002）。主要照顾者的压力源包括：①生理压力，②心理压力，③家庭压力，④社会压力，⑤经济压力，⑥照顾压力（陈惠姿，2009）。照顾者的压力可分客观压力与主观压力。客观的包括：被照顾者的问题、照顾需求的复杂度、照顾资源的限制；主观压力为照顾者主观的感受。客观压力、主观压力及照顾者健康状况成三角关系。客观压力越大（如照顾问题严重或不稳定），且主观压力感受越高，则照顾者个人越易有健康问题（陈惠姿，2009），因此个案管理员协助取得并整合资源可降低客观压力；引导照顾者认知与判读压力源、进行情绪整合，积极正向的应对策略，就可有效降低主观压力。

万育维与王文娟（2002）指出常见家庭压力源如：

（1）夫妻关系（父亲参与度、投入工作、外遇、角色分配）。

（2）经济（医药费、母亲离职）。

（3）就学（学校和老师的挑选、同学的嘲弄）。

（4）亲子与手足(对其他子女的期待与要求、特殊儿童照顾的分担、手足冲突、特殊儿童占据太多家庭资源而使其他子女受忽略）。

（5）社区与亲友（面子问题、观念、社交减少）。

五、儿童家人在早期干预的参与层次

儿童家人在早期干预计划的参与层次由低至高为（Simmeonsson & Bailey，1990）：

（1）不参与。

（2）被动参与。

（3）寻求信息。

（4）有伙伴关系。

（5）协调服务。

（6）倡导儿童权益或政策。

专业人员要鼓励家人主动积极参与才能达到充权的目的。

第六节　早期干预家庭的步骤

一、与儿童家人合作进行早期干预的步骤

除儿童评估外，家庭环境与亲子互动评估为另一重点（Kolobe et al.，2000）。若发现家庭功能有很大问题，则应寻求早疗社会工作师协助干预。与儿童家人合作进行早期干预有以下 8 个步骤：

（1）决定主要照顾者的顾虑、需优先解决的问题与家庭资源。

（2）环境评估。

（3）亲子互动的初步观察。

（4）评估儿童能力。

（5）决定照顾者对儿童的干预程度。

（6）拟订 IFSP。

（7）执行早期干预计划。

（8）成果评估。

根据美国公众法令99-457规定，须为 2 岁以下特殊需求儿童拟订 IFSP，而 IFSP 内容要包含以下 7 项（Dunst et al.，1988）：

（1）儿童现在的发展状况，包括认知、语言、社会心理、动作与生活自理。

（2）如何增进儿童的发展有关的家庭优势与需求。

（3）有关于成果评估的标准、程序及时间表，成果包括儿童与家庭两个层面。

（4）为符合儿童与家庭的需求，所必须提供的早期干预服务，包括方法、频率以及服务量。

（5）开始早期干预服务的时间与预期结束的时间。

（6）负责执行 IFSP 的个案管理员姓名。

（7）早期干预转衔至学前特殊教育的计划。

二、个案管理简介

（一）个案管理的概念

美国社会工作专业人员协会出版的社会工作辞典将个案管理定义为："个案管理是由社会工作专业人员为一群或某一受助者统整协调活动的一种过程。在此过程中借着各个不同福利及相关机构的工作人员相互沟通与协调，而以团队合作的方式为受助者提供其所需的服务，并以扩大服务的成效为其主要目的。当提供

受助者所需的服务必须经由许多不同的专业人员、福利机构、卫生保健单位或人力资源来达成时，个案管理即可发挥其协调与监督功能"（黄淑文，2002）。

（二）个案管理的目的

（1）增进受助者个人取得资源及运用资源网络的能力。

（2）发展或强化服务输送的效率。

（3）促成服务的连续性。

（4）促进服务的可近性、可信度及负责程度。

（三）个案管理的工作内容

个案管理是一种多面向的服务模式。当受助者遭遇到的问题多重且复杂的时候，其反映出来的需求常是混乱且复杂的，而这些需求的满足经常需要许多不同专业领域的意见，或是通过同一机构不同专业，或是同一专业不同单位的人员共同进行才能达成。其运用整合服务以解决问题的工作模式便是个案管理（黄淑文，2002）。

（四）个案管理员的角色

（1）协调者：即个案管理者在评定受助者的问题及需求并拟订计划后，应设法让受助者和协助者作有效的沟通，必要时可借由个案管理者与协助者的沟通来减少摩擦和增进服务网络的效益。

（2）倡导者：当资源不存在或因某些因素无法提供服务给受助者时，个案管理者便应扮演倡导者的角色。

（3）咨询者：即个案管理者了解受助者并教导受助者发展及维持其资源网络所需的知识或技巧。

（五）个案管理的适用对象

个案管理主要是为了处理多重问题及达到受助者能有效使用资源的目的而发展的，因此个案管理工作模式适用对象是面临多重而复杂的问题、且无法有效使用资源者，或低自尊、内在缺陷须依赖强而有力的外在支持来达到平衡者，因此对象通常是老人、身心障碍者、受虐儿童、精神疾病患者、家庭暴力受害者等（黄淑文，2002）。

（六）个案管理的阶段

个案管理的阶段包括建立关系、评定、计划、取得资源、整合、结束关系6个阶段（图3-2）。即个案管理员在过程中是扮演与受助者家庭一起参与并完成的角色，服务过程包括：与受助者家庭建立关系、完成整体服务评估、制订服务计划、结合资源、整合协调及检视服务、结束关系。

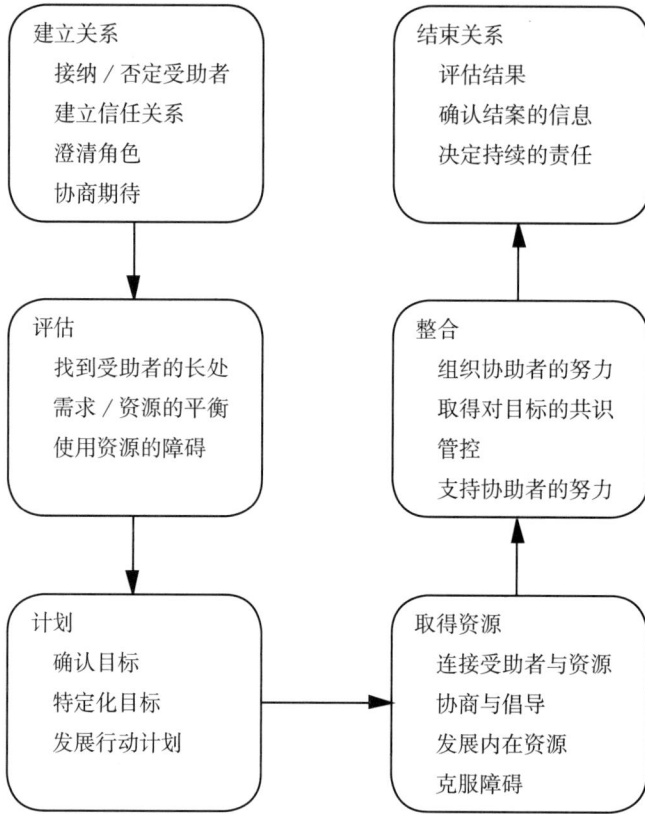

图 3-2　个案管理 6 个阶段（王玠等，1998）

第七节　促进婴幼儿发育的诱导方式

要让家长了解儿童的训练原则，并了解利用资源强化家长的亲职技能，诱导儿童和家长充分合作的要点如下（Campbell，1987； Finnie，1997）：

（1）配合儿童的兴趣。

（2）诱导而不强迫，尽量不要发生争吵。

（3）循序渐进，增加儿童成就感。

（4）于各项目的早期训练效果较佳。

（5）于指导过程中享受亲子互动乐趣。

（6）一次训练时间不宜太长，当儿童觉得厌烦时就停止。

（7）遵循示范—等待—鼓励—等待—示范的原则，让他有足够时间去反应，在完成事情后要立即给予鼓励。

（8）尽量给予建设性的教导，不要用批评或指责的方式。

（9）遇到儿童反抗或消极反抗时，分析原因并善用行为改变技术。

（10）必须要有耐心。

此外，也尽量将训练融入游戏中，游戏可定义为"对环境的一种愉快的探讨"，它在孩子的发展过程中占很重要的地位。游戏的重点是需要家长和儿童快乐地参与，而且父母会让儿童接触到不同的玩法。另一个重点是家长要有耐心等待儿童的反应。

训练儿童生活自理要给予儿童练习机会，并要有耐心等待儿童的反应。鼓励儿童参与生活自理的动作，从 3~6 个月时的喂食活动就可以开始，如让孩童自行扶奶瓶吸奶；大小便训练也在儿童生理成熟后就可开始。

此外，随着儿童的成长，也要开始训练其遵守社会规范，即对儿童成熟度的要求。而对儿童采取放任态度会让儿童变得以自我为中心。若儿童有其他行为问题，如不安全依附，可请教儿童精神科医师或临床心理师。

网络上有许多信息，针对不同年龄与不同需求的婴幼儿，提供家长在家进行的活动照顾与参考原则。专业人员可教导家长上网查询。特殊障碍类别，如脑性瘫痪、脊柱裂等儿童可参考黄佳琦与张梅兰、廖华芳与吴雪玉等的译著或相关团体网站。表 3-1 为新生儿的知觉动作发育与诱导方式建议。这些信息仅供参考，因为每一位婴幼儿及其家庭有其特别需求，干预内容应依据 IFSP 或 IEP 而定。

表 3-1 新生儿的知觉动作发育与诱导方式

发育能力	诱导方式
粗大动作	
·全身屈曲姿势	·能敏感察觉幼儿的讯息并给予适当回应
·稍有转头、抬头动作	·协助早产儿维持屈曲姿势
·双下肢会踢动	·利用换衣服时候轻轻弯直其肢体，以协助改进子宫内屈曲姿势
精细动作	
·手原始抓握反射，呈握拳状	·清醒时提供俯卧机会，以促进头、躯干伸直肌力的发育
·双手臂自发性挥动	·给婴儿按摩
感知觉	
·视觉注视与追视	·适当感觉刺激，包括前庭觉、本体觉、肤觉、视觉、听觉等，协助生理系统的统整
·生理系统统整中	·红色、黑白格子或有声玩具，对话，增进注视与追视能力

根据婴幼儿发育年龄与婴幼儿游戏互动，建议照顾者可以进行的活动如下（吴幸玲与郭静晃，2003）：

（一）0~3 个月

□参与婴幼儿的童言童语（长母音与尖锐声音），或与婴儿互动时，可以夸大语言、动作及表情。同样地，模仿婴儿的发声，这可引起婴儿微笑及延续其咿咿呀呀的声音。也可和婴儿做声音的交流，如发出"咯咯"声。

□创作各种好玩的脸部表情，让婴儿能模仿并用声音来回应。如扮鬼脸／挤眉弄眼、伸出舌头。

□提供跳跃的动物（玩具）来鼓励及刺激婴儿的视觉追寻。另外可以给婴儿的手与脚戴上颜色鲜明的环，来帮助婴儿增加视觉刺激并鼓励他们去探索自己的手与脚。

□与婴儿玩抓手指及抓头发的游戏，如让婴儿拉你的小指；当然，玩游戏时可以用语言来描述身体动作，以增加游戏的丰富性。

□与婴儿一起玩时，帮助婴儿了解自己身体的命名，例如，头、手、鼻子等。

（二）3~6 个月

□逗宝宝笑（很常见的行为）或搔痒。

□与宝宝一起做体操（俯卧姿、坐飞机、仰卧起坐、翻身）。

□将婴儿抱到镜子前面与他玩游戏，利用口语及肢体互动的方式，例如，摸摸婴儿的鼻子，并问婴儿："宝宝的鼻子在那里？"摸摸宝宝的鼻子，告诉宝宝说："在这里、在这里。"

□在婴儿床摆一些摇摆的玩物，刺激婴儿的视觉刺激并让他有机会伸展身体，去抓握，以增加其手眼协调技巧。

□玩捉迷藏的亲子游戏。

□与婴儿玩一些手指谣，或拍打婴儿的手指与脚指。

□唱歌给婴儿听，歌曲要悦耳，一方面刺激婴儿的听觉，另一方面可以安抚他的情绪。

（三）6~12 个月

□逗宝宝笑（声音、触摸，社会性与视觉性刺激）。

□多设计一些爬行游戏，有时婴儿也喜欢拉着成人的手来练习站立，也可以在家中与他玩野一点的活动，使其大动作多一点，如骑马打仗（家长四肢着地，宝宝骑在家长背上）。

□让婴儿坐着，提供玩具供其操弄，抓与放（给与取）。用一个软柔的小球，给婴儿玩滚来滚去的游戏。

□玩捉迷藏（找出物或人的下落），或用毛巾或毯子盖住宝宝或盖住自己。

□用玩具电话假装给婴儿讲电话。

□问婴儿有关他们所熟悉动物的叫声，并多利用故事书展现婴儿所熟悉的动物，并要他们模仿动物的叫声。

□玩简单收拾的游戏、容器概念游戏。

□鼓励婴儿在浴缸玩玩具（注意，大人永远要陪伴着孩子，以避免婴儿独自玩时发生意外）。可以使用玩水的玩具来丰富游戏，也可利用浮在水面上的玩具让宝宝玩，如此一来，大人就可以与他们更自由地说话。

（四）　1~2岁

□与他玩野一点的游戏，如玩捉迷藏及跑步的追逐游戏。孩子喜欢在成人背上玩骑马游戏，成人也可以陪孩子一起跳舞、拔河。

□可以在浴缸中与孩子玩水，让孩子用容器舀水。成人可问孩子，哪一个容器舀的水较多。帮助孩子多玩操作游戏，以培养其日后物体保留的概念。

□提供各类积木、瓶罐、串珠、泡泡、黏土、画具，并陪他玩。

□把容器倒空或装满玩具。

□玩寻宝游戏，将他喜欢的玩具藏起来，以训练物体恒存概念。

□给孩子看相册，来让他指认相片中的人、地、事、物。

□与孩子唱手指谣、唱歌、跳舞。

□做假装游戏。

第八节　日常生活的训练

日常生活活动训练也是提升儿童发育及功能重要的一环。所谓日常生活活动（Activities of Daily Living，ADL）是指日常生活任务或活动，包括吃饭、穿衣、起床、就寝、沐浴、如厕等。而工具性的日常生活活动（Instrumental Activities of Daily Living，IADL）是指与独立生活有关的日常生活任务或活动，如准备餐点、管理金钱、购物、做家务及使用电话等（Anderson，2000）。在国际健康功能与身心障碍分类系统（ICF）中的 d5 自我照护及 d6 居家生活两章，即包含了 ADL 及 IADL 的功能分类项目（World Health Organization，2001；李淑贞，2009）。

为使幼儿成功参与日常生活活动，可采取工作分析策略，设计与安排活动内容，循序渐进协助幼儿完成。本节以进食活动、大小便为例，说明家长在家如何协助儿童达到生活自理。

一、进食

（一）决定独立进食训练前的准备工作

自我进食是儿童最先发展出的一种生活自理的技巧。在儿童能自己进食训练之前要先了解儿童牙齿是否长出来，硬腭发育是否完全，是否可以开始喂食牛奶之外的食物；其次是评估儿童的动作发育是否已达到能有自己进食的基本条件，例如：①能否控制头部，②能否维持坐姿平衡，③手能否弯曲到嘴旁，④手能否持续抓握着汤匙。如果这些基本条件尚未建立，不宜急着训练儿童自己拿汤匙进食（Finnie，1997）。

（二）协助自我进食能力的完成

通常儿童能稳定控制上半身后，才能用其双手来吃东西。因此，若儿童躯干控制不佳，首先要有一张合适的椅子或站立架，并视需要添加固定带或其他辅助用具以增加上半身稳定性。当儿童年纪还小，为将来自我进食做准备，可尽量帮助儿童将双手带至胸前，如帮助儿童双手握奶瓶。在用汤匙或杯子喂食时，也可打开其手掌，将汤匙或杯子放在他手中，使其习惯参与喂食过程。

在自我进食训练阶段中，要仔细分析儿童的困难所在，适当给予最少的帮助，将能获得最大的效果。例如手抓握有困难的儿童可将手柄加粗或加上其他配件，杯子可加装两个耳朵一样的手把，以加强儿童双手抓握手把的对称姿势。

当儿童开始学习自己吃东西时，利用塑胶制的长柄及深底的汤匙配合糊状黏稠食物较易成功舀起食物。此外，不必要求每次都能用汤匙舀起食物且每次都成功地吃下去，而要每次给儿童足够时间，不强制达成，否则他将失去兴趣，不再尝试，而乐得让家长继续喂他。

训练时尽量少用精细的装置，但如有必要，辅具将可增加效果。例如，有些儿童用汤匙舀起食物有困难，可用深底的碗，并在下面装上防滑垫。或使用可保温的碗具，如此儿童即使吃的时间再长，也可持续保持食物的温度。

当儿童在吃东西时，视需要协助他，不要总是告诉他该怎么做，也不要一直纠正他。由于早期喂食形式和儿童日后说话的发育有关，所以应避免错误的喂食方式。喂食的同时也要帮助儿童使用口、舌、唇等来做各种动作，为发音做准备。纵使儿童在喂食方面有很多困难，也鼓励家长让吃饭时间成为儿童和父母的快乐时光，不要过分紧张或焦虑。此外应养成儿童饭前便后洗手及漱口的良好习惯。

（三）增进进食技巧的建议活动

在教导儿童自己进行进食的系统计划中，记录和观察儿童的行为绝对必要。而母亲的态度、安静的环境也都很重要。表 3-2 为各年龄层增进进食技巧的建议活动。

表 3-2　各年龄层增进进食技巧的建议活动

月龄 / 月	增进进食技巧的建议活动
1 ~ 3	1. 婴儿吞咽困难，可改变喂食姿势 2. 依婴儿需要，调整喂食速度 3. 进食中让婴儿以舒适放松的姿势坐着 4. 可开始偶尔用汤匙喂食
4 ~ 8	1. 给他一些用手拿着吃的食物（例如奶酪、面包、饼干等），使婴儿有咀嚼及刺激牙龈的机会，并鼓励他做出手到口的动作 2. 鼓励坐直时喂食 3. 使婴儿能自己握奶瓶 4. 开始提供一些副食品
9 ~ 12	1. 使婴儿坐在高椅子上，和家人一起进餐 2. 给婴儿舒适干净的位置，给予躯干和脚支持 3. 鼓励自己进食 4. 当他有兴趣时，可给他一把汤匙 5. 可给他杯子喝水 6. 开始可使他吃家中其他成员吃的食物
13 ~ 18	1. 给他自己进食的机会 2. 继续提供他可用手拿着吃的食物 3. 提供一些有边的或以吸盘固定碟子，使他能较轻松舀起食物 4. 在进食期间，给婴儿一些汤、饮料等液体
19 ~ 30	1. 鼓励用汤匙或用叉子自己进食 2. 不要催促 3. 菜色简单，但要能吸引他 4. 偶尔请儿童协助清理餐桌，收拾碗筷
31 ~ 48	1. 鼓励帮忙准备或收拾餐具 2. 让他练习将水倒入水壶 3. 鼓励儿童帮忙摆设餐桌 4. 有明确的餐桌礼仪及规则 5. 可开始练习使用筷子
49 ~ 52	1. 在餐桌上进行社会化训练 2. 在进食前，教导儿童帮忙摆设餐桌，并服务家人，例如帮家人盛饭 3. 在餐桌上让儿童也有发言的机会

（四）自我进食的工作分析

工作分析可简单将一连串任务依进行次序分成几个单元，工作单元依儿童的严重度由多至少分配，越轻度者单元越少。以儿童自己进食为例，将重度儿童自己进食的过程分解成很多小步骤，接着去观察儿童在此活动中主要的困难处，并根据分析结果作为训练的参考。以重度儿童"自己用汤匙舀碗中食物吃"为例，分析有问题的步骤与需协助的程度，再以此为训练的参考。具体流程如下：

（1）确定食物的方向，并看向它。

（2）看着汤匙。

（3）伸出手要拿汤匙。

（4）手碰汤匙。

（5）手抓汤匙。

（6）举起汤匙。

（7）拿着汤匙移动到碗处。

（8）将汤匙放入碗中，对准食物调整汤匙方向。

（9）舀起食物来。

（10）举起内有食物的汤匙。

（11）将汤匙送到嘴中。

（12）张开嘴。

（13）将汤匙放入口中。

（14）用嘴唇含入食物。

（15）闭上嘴唇。

（16）咀嚼食物。

（17）吞咽食物。

（18）将汤匙放回碗中。

（五）行为改变技术

在使用行为改变技巧前，有几点要注意：

（1）让儿童坐在椅子上，可给躯干一点支撑，围餐巾以避免弄脏衣服。

（2）餐具放在儿童手可碰到的范围内的桌上，开始时食物最好选择不易由汤匙滑掉的材质。

（3）使儿童和喂食者都能在舒适位置上。并用操作制约方法，如：

①给正增强物：如食物本身、妈妈的称赞、爱抚。

②拿掉正增强物或忽略：如将食物拿走，得不到称赞，得不到注意。

1. 连锁技巧

实施连锁技巧的原则与步骤如下：

（1）让儿童坐在桌子前，确定舒适且安全。

（2）喂食者也采用最舒适的教导姿势。

（3）试着去了解儿童想要什么。

（4）引起儿童对汤匙的注意方法有：

①轻轻敲打汤匙。

②用口头指令，如看这汤匙。

③将儿童头的方向转向汤匙。

④引导儿童的手去摸汤匙。

（5）当儿童试着去碰，去抓或者去移动汤匙，马上给予口头称赞。

（6）在儿童没抓住汤匙之前，不允许食物入口。

（7）孩子要能参与训练，也就是说儿童必须看着汤匙、碗，知道他在做什么，否则等于没学。

（8）接下来引导儿童，抓着他的手移动汤匙到碗里，舀起食物送到嘴巴。

（9）慢慢减少抓着儿童手的时间，但要从最后一个步骤放起，熟练这步骤后，才能进行前一步骤，此即反向连锁。

（10）在舀起食物时，加强甚至夸大这个舀的动作。

（11）随时注意儿童手部肌肉用力情形，是否自己动手进食。

（12）儿童第一个独立动作，可能是将食物放入嘴中，因此这时协助者放松他的手，让儿童把食物放入嘴里，但协助者的手不移开，等在儿童的嘴旁，等儿童将汤匙拿出来时，再抓着儿童的手转回碗里。放开手离嘴的距离可慢慢拉长。

（13）家长在训练过程中称赞儿童时要注意：

①要确定一定有食物送进儿童的嘴里才给他口头上的赞赏。

②要用愉快的声音、愉快的语气或其他称赞。

（14）避免一些会打断过程的不必要行为，方法有两种：

①家长可抓紧他的手带着他完成进食过程，使他持续做舀起食物，送到嘴里，再送回碗处，再舀起食物的动作。

②有不期望的动作出现，可将食物移走，当他坐好准备再吃时，才把食物拿回来。

2. 自我进食行为之养成

儿童在增强与协助状况下，逐渐建立进食能力后，便将协助与增强逐步减少，最后儿童会主动进食。我们告诉儿童我们期望他做某个动作，儿童若作出相类似的动作形式，便马上给予称赞，等他将这一动作变成自动性的便只给偶尔的称赞，使其成为永久性的习惯行为。要记住的是，大人必须清楚地告诉儿童具体目标，如要做什么，做到什么程度，否则儿童会迷惑。

二、大小便训练

如何知道可以开始孩子的大小便训练了？详细观察以下几个指标：①在白天，可保持尿片干爽最少两小时或在午睡中没有尿湿；②大便的时间变得有规律；③能用表情、动作或话语向你示意有尿意或便急；④能服从简单的指示；⑤对上厕所或坐便盆感兴趣；⑥会因为尿片弄脏了而感到不安。

大小便训练前的预备如下：①让孩子每天吸取充足的水分和膳食纤维；②为孩子预备合适的便盆；③多跟孩子讲关于上厕所的故事；④让孩子跟着你一起上厕所；⑤给孩子穿宽松和较易穿脱的裤子；⑥不包尿片而改穿棉质学习裤。

大小便训练的方法与原则为：①选择合适的日子和足够的时间；②根据孩子的作息规律，安排孩子日常生活的如厕的时间（如：早上起床后、饭后）；③观察到孩子有便急的迹象时，便问他是否有如厕的需要；④多鼓励，不强迫（Turner & Matlock，2011）。

第九节　携抱、转位、摆位与被动运动

一、中重度肢体障碍大儿童的转位技巧

在日常生活中，儿童很多时候必须由一个地方移到另一个地方。对于那些比较小的或比较严重的儿童，通常必须靠别人将其抱起或协助其站起来，才能转移位置。但不论多么严重的儿童，在抬高与转位过程中，尽可能让儿童主动参与，即使他仅是抬高自己的头，用手扣住大人的脖子。借着儿童主动的参与，可增加其活动能力与活动意愿，也可减少协助移位者的负担。每个儿童被抬高及移位的方法，因其体型、严重度与训练目标各有不同。在考虑使用何种抬高方式时，必须考虑下述几个因素：

（1）儿童认知程度如何？是否可以配合？有无视觉或听觉障碍？

（2）儿童是属于软瘫型或痉挛型？有多少动作控制能力？儿童的双手能否抓握或支撑？两脚能否用力伸直，支撑他的体重？

（3）儿童的关节活动度是否正常？有没有角度不足的地方？某一关节有无发炎、疼痛或脱位现象？

（4）儿童目前的位置在哪儿，在地板上、椅子上或床上？即将转位到哪儿，

轮椅或另一间教室？

（5）儿童的体位如何？程度重或轻？

（6）可以找到多少人来帮忙？

（7）儿童身上是否配戴鼻胃管、点滴或导尿管？

对于长期需要帮助中重度肢体障碍大儿童抬高移位的教师与家长，尤其必须遵照下述转位的几个原则，不仅可以防止腰痛产生，也可使转位更省力、更安全：

（1）转位时必须谨慎，不能匆忙。

（2）在转位之前，若儿童可以了解，一定先告诉儿童要帮他做什么事，教导他如何配合。

（3）教师或家长本身需对所要使用的转位手法相当熟悉，以免造成伤害。

（4）在协助转位时，教师或家长必须注意保持背部挺直，骨盆后倾的姿势，使用臀部与膝部力量做出抬高的动作。

（5）在转位之前，需将儿童抬高离开支持面，以免造成擦伤。

（6）若有两人以上，同时负责抬高转位的动作，则必须一人喊口令，大家行动一致，才不会造成意外。

（7）对于一个已会自行翻身、爬行的儿童，应鼓励他自行移位，不要习惯性将他抱来抱去。

（8）告诉所有照顾儿童的人，使用相同的转位或携抱方法。

（9）当儿童有进步时，家长要与儿童的物理治疗师接洽，以确定使用的是正确的方法。

图 3-3 为协助转位时，协助者最常采取的几种站姿的脚部位置。图 3-3B 为冲刺式站姿，两脚呈 90 度夹角，不仅支撑面较大较稳，且有利于灵活地转动身体重心。图 3-3A 为步行式站姿则有利于前后移动，但重心较不稳。图 3-3C 为对称式站姿，通常重心较稳定，但只适用于移动范围较小的情况。图 3-3D 为十点对二点式站姿，抬高者在儿童的前面，用双脚帮助固定儿童的双脚，也可同时用双膝顶住，以防止儿童的双脚在移位或站起时滑动（Hollis, 1985）。图 3-4 ～图 3-6 都是一些常用的省力与安全的抬高、移位方式。若有兴趣进一步了解，可参考相关书目（Downie, 1981； Hollis, 1985）。肩膀式转位方式与穿腋下式转位方式较适用于大儿童或成人，由两人一起协助，由一个房间移到另一房间，做远距离转位。穿腋下式转位方式也可适用于调整儿童在轮椅上的坐姿，使其臀部紧靠椅背。腰带抓握式则适用于近距离转位，如由轮椅到一般座椅，或由坐到站的转位（York-Moore & Stewart, 1982）。

A. 步行式站姿　　　　B. 冲刺式站姿　　　　C. 对称式站姿　　　　D. 十点对二点式站姿

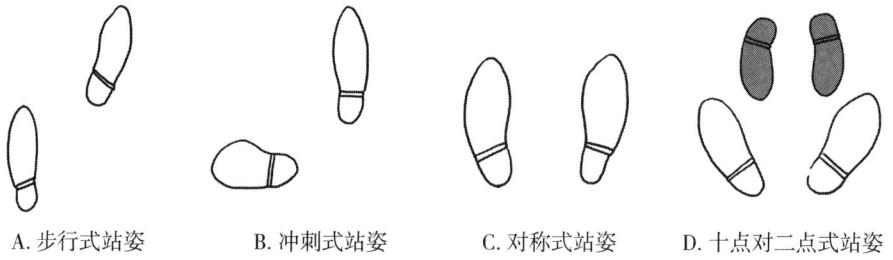

图 3-3　协助移位者常用的四种站姿

图 3-4　肩膀式转位方式　　　　　　　图 3-5　腰带抓握式转位方式

A. 转位者双手由后穿过腋下　　　　B. 抓握手法，抓握处尽量靠近肘部

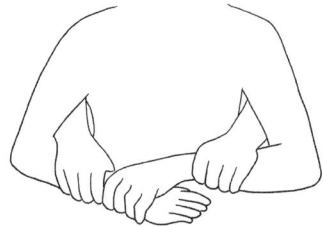

图 3-6　穿腋下式转位方式

二、不同类别发育迟缓儿童的抱起方法

针对各种不同类型的儿童，下文建议一些由床上或地板抱起的方法。

（一）软瘫型儿童

将肌肉张力较低或较无力的儿童翻到侧卧姿势，全身弯曲，再扶肩部与臀部抱起。千万不要直接在平躺时，抓其双手向前拉，而造成头部后仰的姿势（图3-7）。

（二）伸直痉挛型儿童

可似软瘫型儿童，将其翻到侧躺位置，再以全身弯曲姿势抱起。或由仰卧位置，用肘部分开其双膝，双手扶在肩胛下，协助其头部弯曲坐起后，再抱起（图3-8）。

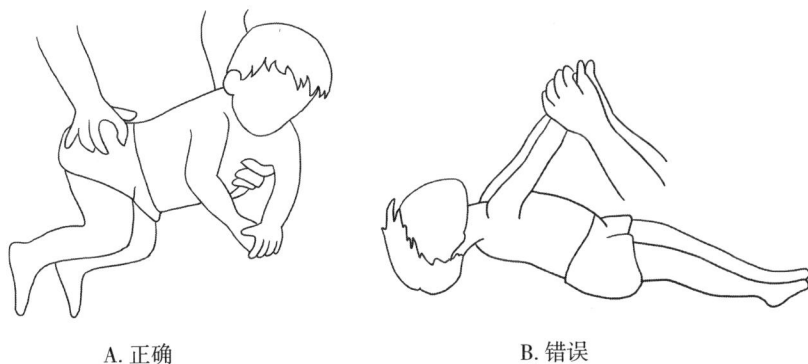

A. 正确　　　　　　　　　　　B. 错误

图 3-7　抱起软瘫型儿童的方法

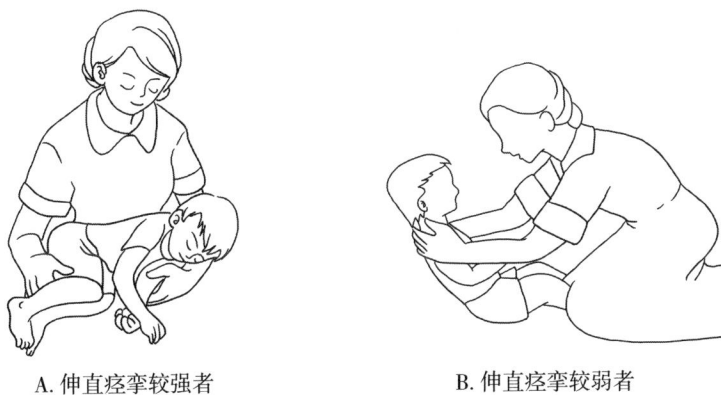

A. 伸直痉挛较强者　　　　　　B. 伸直痉挛较弱者

图 3-8　抱起伸直痉挛型儿童的方法

（三）屈曲痉挛型儿童

一手由儿童的腋下穿过握住上臂，使其外转，手臂上抬，帮助上半身伸直抬高；另一手握住其大腿部，同样使其外转伸直；再将儿童以俯卧姿势或侧卧姿势抱起（图3-9）。

（四）徐动型儿童

似软瘫型儿童，将其侧身弯曲后，再保持弯曲姿势抱起。

图 3-9　抱起屈曲痉挛型儿童的正确方法

（五）年龄较大儿童

对于年龄较大、体型较大的儿童，若双脚有力量可稍微支撑体重，可使其坐起后，利用腰带抓握式转位方式协助站起或转换到轮椅。若属重度儿童，需靠协助者使用携抱方式才能移位者，则可用图 3-10 的方式，一手支撑胸部，另一手由两腿间支撑腹部，使儿童尽量靠近你的身体，协助者站起后，再将儿童身体立正。

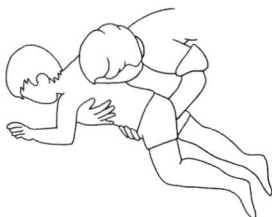

A. 抱起年龄较大儿童的方法　　　　B. 携抱年龄较大儿童的方法

图 3-10　年龄较大儿童抱法

再强调一次，若儿童可以用爬、翻身的方式自行移位，不要主动抱起他；尽可能让所有照顾的人用同样的手法来协助他；当儿童有进步时，家长与治疗师一起重新评估儿童的能力，再设计对儿童更好的转位与携抱方法。最重要的一点，协助儿童移位的同时，也要当心协助者背部，注意使用正确的转位方法。

在转位方面，除对较幼小或极重度儿童用携抱方式外，对于有稍许动作控制能力的儿童，尽量用主动性协助方式。例如由一张椅子换到另一张椅子，可用手扶持其臀部，协助其站起，再转身坐到另一张椅子。对于下肢完全瘫痪者，如果其上肢力量够，则可教导他双手用滑动方式，由一张椅子滑动到另一张椅子。长距离移位或儿童身体太重，则可使用推车或转位辅具协助。

三、携抱手法

通常要携抱一个重度障碍儿童，必须先评估儿童的问题与能力，只要充分了解并运用适当手法，则不仅儿童被携抱时的姿势正确，而且大人在走动时，儿童的头部与躯干控制能力也能得到良好的训练。即使是极重度的儿童，也不要将其当作初生婴儿般，整个抱在怀中（图 3-11C），否则他会没有机会练习头部控制，也无法观察四周环境的变化（廖华芳等，1995）。以下简介几种类型脑性瘫痪儿童的携抱方法。

（一）软瘫型儿童

千万不要以为软瘫型的儿童全身软绵绵的，便一直将他当作初生婴儿般对待。在携抱时也是一样，如果将他完全抱在怀中，他将没机会随着大人移动的重心去练习调整自己的头部或上半身；同时也没机会去观看周围环境，以致丧失学习的机会。图 3-11A 及 B 是软瘫型儿童正确的携抱方法，能使儿童有机会观看四周环境，并练习自己的头部与上半身动作控制能力。图 3-11C 展示了软瘫型儿童错误的携抱方法。

A. 正确方法：上半身近直立，支持肩膀使儿童头部可自行控制

B. 正确方法：全身直立姿势，加强下肢承重，站立的准备

C. 错误携抱方法：全身支持，似抱新生儿手法

图 3-11　软瘫型儿童的携抱方法

（二）伸直痉挛型儿童

携抱伸直痉挛型儿童最忌讳任其头后仰、脸上翻，而更加强化了他的不正常动作（图 3-12D 为不正确方法）。正确的方法是将儿童的两肩压向前，两腿屈曲分开；或一腿直一腿弯（图 3-12A、B）。对于较大的儿童，则可以如图 3-12C

所示，将他的两手放在大人的肩膀上，两腿分开跨坐在大人的腰上。

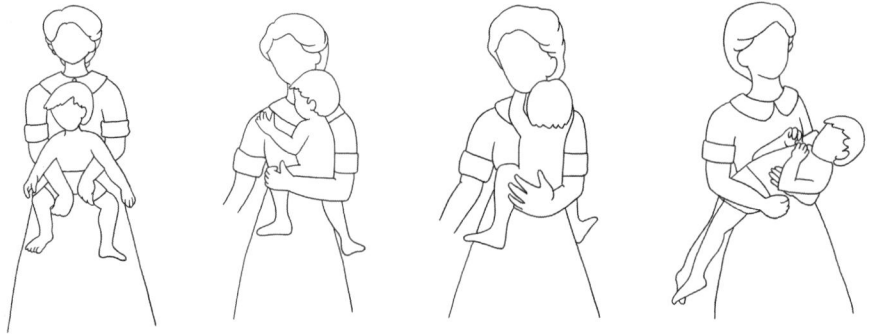

A. 正确方法：年幼
　儿童合适的抱法，
　下肢屈曲外展

B. 正确方法：跨坐
　腰旁，躯干旋转，
　若上半身控制仍
　不稳，另一半夹
　其肩膀

C. 正确方法：两腿
　分开跨坐腰上

D. 错误方法：全身
　呈僵硬、伸直状，
　未控制好可能产
　生反弓

图 3-12　伸直痉挛型儿童的携抱方法

（三）弯曲痉挛型儿童

不要将儿童屈曲抱着，否则会更加强化他不正常的弯曲姿势。图 3-13A、B 都是弯曲痉挛型儿童携抱的正确方法。然而在手法上要特别注意将儿童的双手臂抬高，而且给予躯干一个伸直的拉力或压力，如此可帮助儿童减轻弯曲痉挛程度，让他有机会发育抬头、挺腰的能力。对于较大或较严重的弯曲痉挛型儿童，如果家中同时有两个人，可以使用图 3-13A 所示的携抱方法，前面一个人抓住儿童的双手或双肩向上抬，后面的一个人将儿童两腿分开夹在腰上，当膝盖伸直后，两手在臀部给予刺激，则可以使他背部伸直；图 3-13B 手法略加修改，则可适用于任何类型脑性瘫痪儿童。

（四）徐动型儿童

徐动型儿童由于不随意动作的影响，加上会有突然全身反弓的不正常动作，因此通常缺乏稳定性。所以抱他的时候，可以尽量将其手脚往身体中心靠拢，让其肩膀与头稍微前倾，给予稳定的支撑。如图 3-14A、B 都是正确的抱法。若有合并屈曲或伸直痉挛，则视儿童的能力与痉挛程度稍加修正。

（五）协调不良型儿童

协调不良型儿童除有明显的动作协调不良问题外，其肌肉张力与动作控制问题大致与软瘫型儿童相同，因此移位、携抱方法与软瘫型儿童相同。

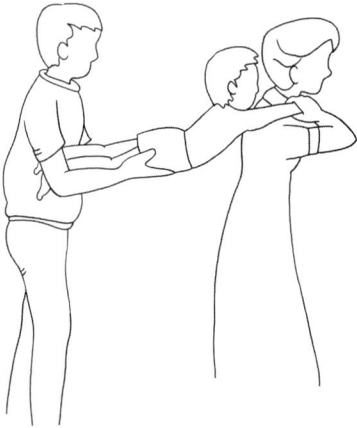

A. 针对年纪较大或体重较重的儿童，由
2 名成人携抱，一人在前抓住儿童的
手往上抬，另一人在后让儿童双脚夹
在大人的腰，同时诱发腰部伸直动作

B. 侧抱近胸，一手分开儿童双脚，
另一手拉直儿童上肢

图 3-13　弯曲痉挛型儿童携抱的正确方法

A. 全身屈曲侧躺

B. 全身屈曲坐姿

图 3-14　徐动型儿童携抱的正确方法

四、重度障碍儿童的居家处理

（一）重度障碍儿童的治疗重点

（1）处在持续发展的环境中：愉快自处且有良好的生活质量，主动寻求外界环境信息并与其适当互动，着重日常生活作息安排合理，硬件与软件环境安排适宜，有娱乐或休闲活动，积极参与家中活动。

（2）防止次发性并发症：防止自我为中心、防止过分依赖、防止因无外界适当刺激而陷入自我刺激的恶性循环、防止关节挛缩或姿势变形、防止肌肉骨骼或心肺系统的退化或萎缩。

（3）保持接近正常的外表，使外界乐于与之接近。

（4）培养良好的生活习惯，使家人易于照顾。

（5）有适当的人际互动与沟通能力，以提升其社会参与。

（6）降低照顾者的负担，使照顾者减少身心综合征。

①促进儿童健康，增进免疫力。

②儿童即使无法完成生活自理，但在协助下可大小便在便盆或马桶上。

③儿童在协助下可吃一般餐桌上的食物。

④儿童可遵从家庭或学校的社会规则。

（二）重度肢体障碍儿童的动作问题与处理

重度肢体障碍儿童的动作问题，大致包括动作发育迟缓、不正常的动作形态、肌肉无力、关节挛缩或畸形、习惯某些固定模式与无法对环境有适当反应，以至于生活自理需依赖他人照顾。造成这些问题的原因，有些是中枢神经系统受损，有些可能是周围神经伤害或肌肉病变，有些则是后天教养方式不当。因此，必先了解其原因，才能给予适当的处理（Campbell，1987）。

由于重度肢体障碍儿童进展较慢，其训练目标要配合其严重度，以可达成的小阶段功能性进步或协助程度的减少来制订。其动作训练，也和其他教学活动一样，必须遵循学习的原则，即重复练习；由简入繁、由易入难；诱导儿童主动参与而非被动接受治疗；以儿童发展及功能上需要的动作为主要的治疗目标。

在协助或引导儿童做任何动作时，千万要记住，不要给予过多的协助，一旦感觉到儿童已有自行移动的能力，就应适时地将协助或控制的手法移开，使儿童真正学会自己控制身体动作。由于重度肢体障碍儿童关节两侧肌肉力量或张力常有不平衡的现象，因此极易产生挛缩或畸形现象，可配合穿衣、沐浴的活动，每天给予被动关节活动，使其关节活动度保持完全。

对于重度肢体障碍儿童的动作处理方法，除了治疗性的运动治疗、药物治疗与手术治疗外，还包括在家中或学校，教师或家长配合训练目标，于日常活动中使用协助与引导儿童的照顾手法。

（三）重度肢体残障的摆位姿势与辅具

重度肢体残障儿童由于动作问题，大部分的时间都处在一个静态的姿势。如果摆位的姿势选择不恰当，则不仅不正常的姿势会更加恶化，关节畸形也会产生；同时由于儿童无改变姿势的能力，长期维持某种姿势，他会觉得痛苦、烦躁；也由于错误的摆位姿势，使他无法安全、舒服地游戏或观看四周、操弄玩具，这些都会使他的学习受阻；同时由于缺乏适当的姿势诱发，动作控制能力也会降低。因此，如果教师们与家长们能多加注意并选择正确的摆位姿势，则对儿童的动作发展与学习效果都较好。

本节介绍重度肢体障碍儿童的摆位。重度肢体残障的摆位原则如下（Campbell，1987）：

（1）必须选择几种适合儿童的摆位姿势，并经常更换。

（2）对于极重度儿童，若他完全无法移动身躯，则最好每半个小时就更换一次摆位姿势。

（3）与辅具团队联络，了解最适合儿童的摆位姿势与不良的摆位姿势。

（4）确定所选的摆位姿势是儿童觉得安全且高兴的姿势。否则他若一直担心自己会跌倒，则上课时便无法专心。

（5）所选的摆位姿势应该能帮助儿童顺利进行课堂活动。

（6）通常孩子的身体在良好摆位姿势下应该是对称的；若有明显侧弯或不对称，需考虑改变姿势，或添加辅助用具。

（7）不要仅仅只将儿童摆在某一姿势，他必须同时有适当的玩具或活动。如果儿童经常会将玩具丢落，则考虑某些固定玩具的辅助器具。

一些常见的不正常摆位姿势如图 3-15、图 3-16 所示。任由重度脑性瘫痪儿童仰卧在地板上，可能产生反弓、不对称张力反射姿势（图 3-15）。图 3-16 表示，俯卧时可能受对称颈张力反射影响，上半身张力增加，下半身则伸直张力增加（廖华芳等，1995）。图 3-17 为利用侧卧板将重度障碍儿童置于侧躺位置。

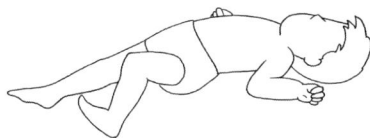

图 3-15　不正常的反弓与颈张力不对称反射姿势

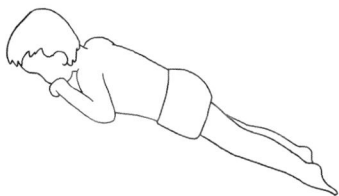

图 3-16　上半身屈曲张力增加，下半身伸直张力增加的不正常姿势

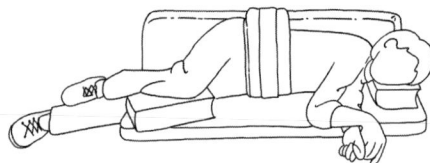

图 3-17　利用侧卧板将儿童置于侧躺位置

图 3-18 为抑制身体前溜并支撑躯干的桌椅，可在家中或学校使用。若是儿童的身体会往前倾倒，可以用有开口围绕住躯干的桌子，将桌面升高来支撑。如果儿童会将桌上的东西推出桌外，可以将桌子边缘加高，玩具用绳子绑好。若儿童的动作不稳定，会将桌子推开，则将桌椅绑在一起。若是儿童会滑出椅子，可以利用一条宽布巾将髋关节处往下方绑住固定。如果儿童的髋关节伸得过直，可以将一个楔形垫置于大腿下。如果儿童的两腿伸得很直以致脚板无法平放于地面，可以用一个盒子将足部固定好。

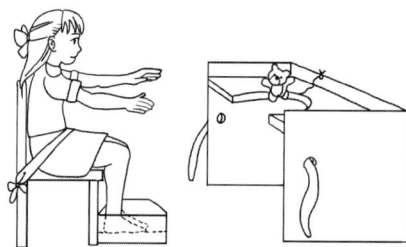

图 3-18　可抑制身体前溜并支撑躯干的桌椅

图 3-19A 为"风吹骨盆"异常姿势，是一种常见的畸形。图 3-19B 为利用膝关节固定器与身体安全带将儿童定于正确坐姿，前面可再加桌子可使其更具功能性。

A. "风吹骨盆"异常坐姿　　　B. 利用膝关节固定器与身体安全带将孩子固定于正确坐姿

图 3-19　异常坐姿与辅具

五、肺积痰婴幼儿的叩击建议摆位

肺积痰婴幼儿的家长需要在家规律执行姿位引流与叩击手法，可参考图3-20肺积痰婴幼儿的叩击建议摆位。其注意事项如下：

（1）最好安排在喂食前，或喂食完一个半小时后实施。

（2）可安排时间表进行规划。

（3）叩击时手掌呈杯状，利用空气来叩击。

（4）在每个姿位引流与叩击后，应休息10～15分钟，尽可能彻底清出痰液。

（5）进行某些头低脚高的姿位引流时，不应离开孩子身边。

（6）每2个小时应变换儿童的摆位姿势。

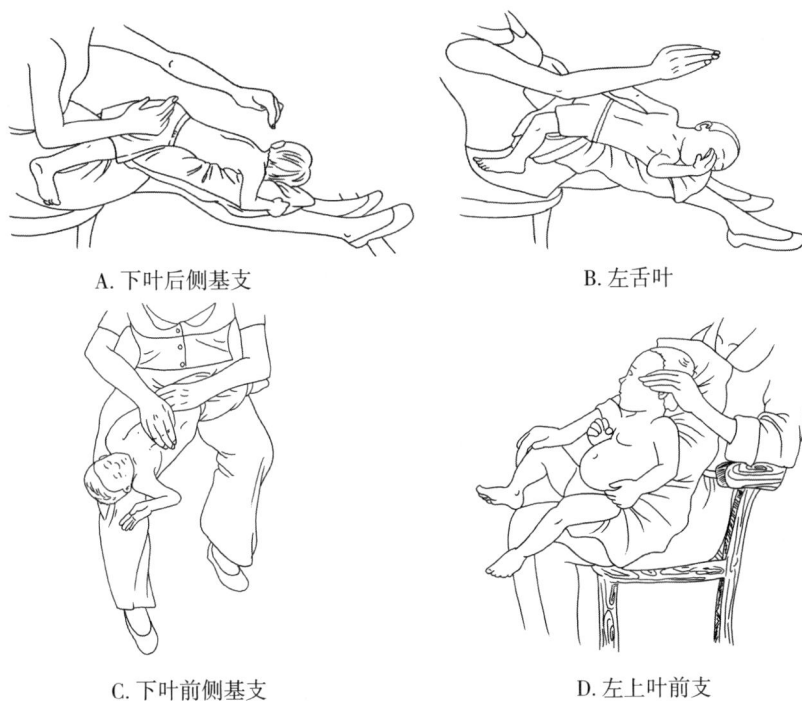

A. 下叶后侧基支

B. 左舌叶

C. 下叶前侧基支

D. 左上叶前支

图3-20　肺积痰儿童的叩击建议摆位

六、被动关节运动

为防止肢体障碍儿童关节硬化，早期即应教导家长在家中执行被动关节运动（图3-21）。进行被动关节运动应在儿童的角度范围缓慢平顺执行，每个动作在其完全角度停留6～10秒。一般非高张力儿童一天10～20次即可，高张力儿童则视张力强度，一天须20～40次。

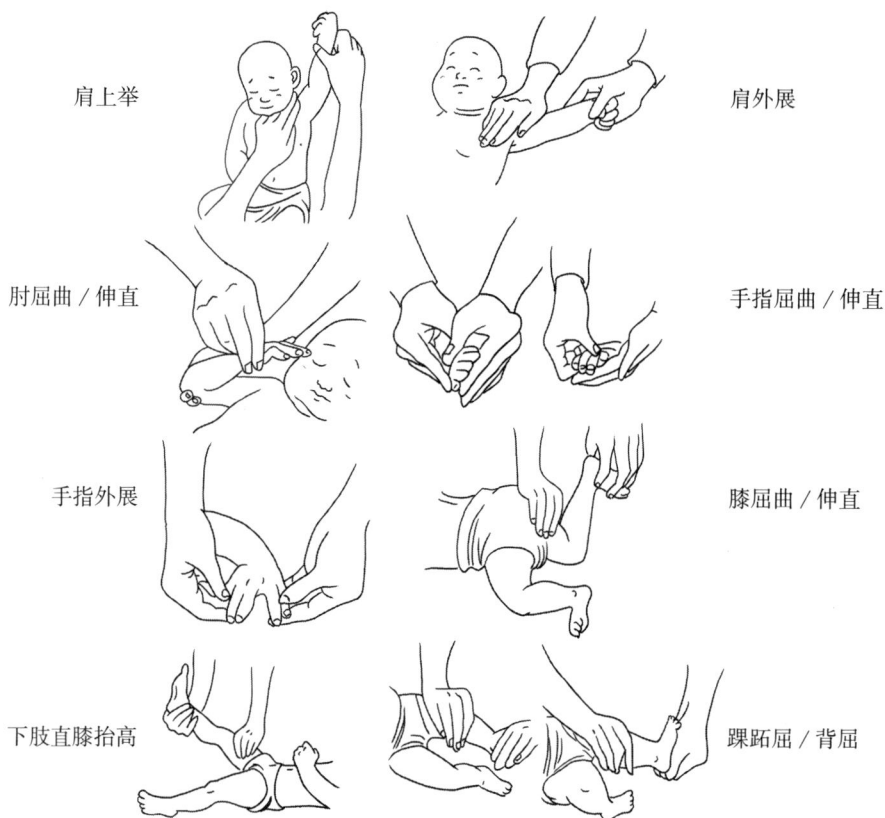

肩上举　　　肩外展

肘屈曲／伸直　　　手指屈曲／伸直

手指外展　　　膝屈曲／伸直

下肢直膝抬高　　　踝跖屈／背屈

图 3-21　婴幼儿被动关节运动

第十节　家长知识与参与

　　发育迟缓的儿童，除了发育落后的问题外，也有较高的比例容易产生行为问题，或进一步影响亲子互动。因此，教导家长了解儿童的发育状态，给予日常生活上引导孩童行为的策略及亲职技巧，并进一步促进亲子互动，乃是近代早期治疗的重要课题（McIntyre，2008；McIntyre & Phaneuf，2008）。网络上虽有多篇允许免费下载供 0～3 岁特殊儿童家长参考的文章（Klein，1990）可促进家长知识，然而都是英文的，家长阅读不易。因此，学习家长课程成为目前增进家长知识及参与早疗的重要方式。

　　家长训练课程对儿童行为面向有成效，包括 4 岁以上儿童、注意缺陷与多动障碍（ADHD）及自闭症等伴随行为问题的儿童（林淑莉，2006；许建中等，2005）。针对小于 3 岁的动作发育迟缓儿童，如全面发育迟缓儿童、脑瘫等，发现家长训练课程对动作、生活自理与家长亲职能力都具有成效（谢仔鑫等，2009；廖华芳等，2010；廖华芳等，2010）。McIntyre 针对 2 ~ 5 岁的发育迟缓儿童的随机试验，也发现为期 12 周的家长团体训练课程，能减少负向的亲子互动行为及儿童的行为问题（McIntyre，2008）。

一、波蒂奇早期干预计划简介

波蒂奇早期干预计划是美国早期推动早期干预计划时，于 1967 年由美国威斯康星州波蒂奇市的专业人员推出，以家庭为中心的"波蒂奇父母方案"（Boyd et al.，1977）主张家长参与是儿童发育的关键，在家庭的"自然环境"中习惯的技巧可更生活化与实用化，借由早疗人员到家中与父母共同针对儿童的问题设计教育方案，成效会更好（姜忠信，1994）。本节主要介绍"家庭训练活动记录表"，如图 3-22 所示，使家长了解训练成果与训练相关重点，包括记录整个训练过程如何开始，怎么引导，以及怎么结束。训练目标（短期目标与长期目标）的叙述为具体可测量，包括：谁，做什么，要怎么协助，要做到多好。可用符号记录，不同符号代表不同的意义（姜忠信，1994）。

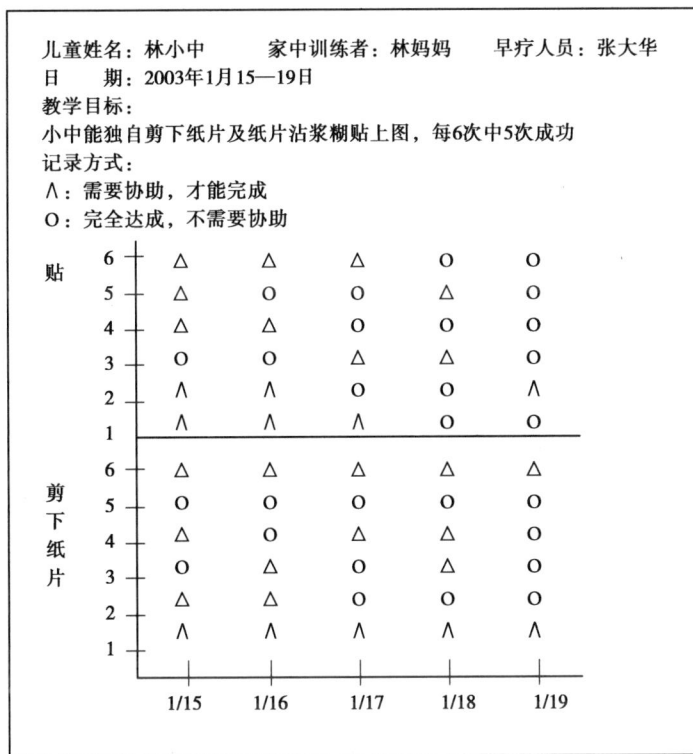

图 3-22　波蒂奇家庭训练活动记录表

通常家庭训练活动记录表包括了 8 项重点：

（1）训练地点。

（2）训练用具种类与使用方法。

（3）训练用具应如何呈现，使儿童会有反应。

（4）当儿童有正确反应时，应如何加以增强。

（5）在儿童需协助时，应给予相应形态的协助方式。

（6）记录方式。

（7）每日练习次数。

（8）促进儿童学习概化的相关活动。

上述 1 ~ 3 点与如何制造有利的训练情境有关，第 4 点要记录哪些东西是有效的增强物。

训练者要有概念，增强物分为：

（1）食物增强物，包括糖果、海苔、饼干、饮料及各式小点心等。

（2）操弄性增强物，如玩积木、拼拼图、排纽扣、叠乐高、吹泡泡等。

（3）拥有性增强物。

（4）活动性增强物。

（5）社会性增强物，包括口头的赞美和身体的接触。

儿童能力越好尽量使用社会性增强物，而不要使用原始的食物增强物。

家长要了解协助方法的种类，并随着儿童能力的成长，逐渐减少协助程度的概念。协助程度由低至高为：

（1）示范。

（2）口头的协助。

（3）视觉的协助。

（4）身体的协助，又分轻、中、重度与完全协助。

二、卡罗来纳婴幼儿课程范例

家长从卡罗来纳婴幼儿课程评估日志中的每个单元里，选出幼儿下一步应学习的技能（张嘉芸与黄湘茹，2008），在治疗师协助下整合医疗系统的治疗目标及照顾者对幼儿的期许，列出数个重要目标，参考卡罗来纳课程各项目的治疗指导，结合成一个活动或一系列相关的活动，并融入幼儿的日常生活作息。研究显示用此方法可有效增进亲职能力与儿童功能（Del Giudice，2006；廖华芳等，2010；廖华芳等，2010）。图 3-23 为家长使用卡罗来纳婴幼儿课程设计家中活动的范例。

陈妹妹点心时间活动与记录

日期：1999 年 5 月 24—30 日

练习 1 次 1 个记号：+：全部完成，±：部分完成，-：无法完成

地点与时间：客厅、午睡完点心时间

材料：餐椅、小杯子、有吸盘的碗、小汤匙、吸管杯、果汁、常见物图卡（如书、电话、笔、食物—
爱玉、米饼、圈圈饼、海苔、果汁、小馒头）等物品。

活动进行方式：

　　妈妈在准备上述物品时，告知妹妹要吃点心了，引导妹妹自己移动去找餐椅，并让妹妹试
着仿说"ma ma"（16h）。在妹妹找到餐椅之后，将她抱到餐椅上，再将餐椅挪到桌旁。在将
吸盘碗固定在餐桌上之后，妈妈用手扶着妹妹的手拿着汤匙，让妹妹说出"拿拿"（16h），
并把一块爱玉放在汤匙上，妈妈的手扶着妹妹的手帮妹妹将汤匙内的爱玉吃掉（4-lo）。等妹
妹吃了几口爱玉之后，再把果汁瓶拿给妹妹让她自己试着拿着喝（4-ln）。接着让妹妹自己用
手拿圈圈饼或米饼吃，妈妈让妹妹指出妈妈说的物品图卡，如：狗狗在哪里？大象呢？（10d）
若妹妹没有指认出妈妈所说的图卡，则由妈妈拿给她看。有时妈妈会故意拿错图卡，再问妹妹"是"
或"不是"，如果答案为"是"，则教妹妹点点头，反之则要求妹妹摇头（13i），妹妹答对则
鼓励她。

目标／标准	周一	周二	周三	周四	周五	周六	周日	备注
4-ln. 拿奶瓶喝 2 ~ 3 种饮料（不排斥协助手扶）（12 ~ 15 m）	-	-	-	±	-	±	-	
	-	±	±	±	+	±	±	
4-lo. 将汤匙拿至嘴边并吃掉汤匙上的食物（不排斥协助手扶）（12 ~ 15 m）	-	±	±	±	±	+	-	
	±	±	±	±	±	±	±	
10d. 在要求下指出三张动物或物品照片（15 ~ 18 m）	-	-	-	±	-	+	+	
	-	±	±	±	+	-	+	
13i. 适当地对问题回答"是"或"不是"（12 ~ 15m）	-	±	±	±	-	±	±	
	-	-	±	±	±	±	±	
16h. 模仿两个音节的叠字（9 ~ 12 m）	-	-	-	-	±	-	-	
	-	-	±	±	-	±	±	

图 3-23　卡罗来纳婴幼儿课程设计家中活动范例

问题与讨论

1. 请讨论在以家庭为中心的服务模式中，小儿物理治疗师需具备哪些专业能力。
2. 请对一个婴儿早期生活自理技巧进行工作分析。
3. 请简述特殊儿童家长的心路历程以及压力来源。
4. 请描述早期干预家庭的八大步骤以及 IFSP 的七项内容。
5. 请简述个案管理的目的、内容以及个案管理员所扮演的角色。
6. 请描述重度障碍儿童的治疗重点及其动作问题和适当的处理方式。
7. 讨论如何将治疗目标整合到家庭活动中，并运用于临床上。

第四章

进食与口腔动作功能

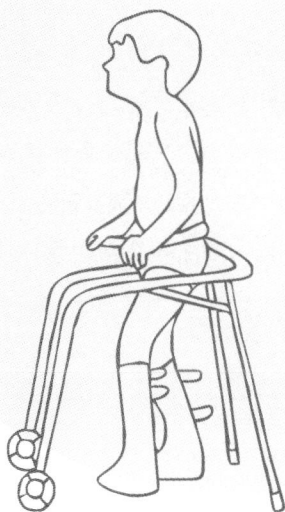

第一节　前　言

一、口语前期口腔动作的重要性

口语前期为幼儿说出有意义单字之前的时期，这时期口腔动作已发育，偏重喂食活动与发音；动作要具功能性，早期功能性口腔动作主要是喂食活动，本章强调与喂食活动有关的口腔动作，也会介绍后续自我进食能力的发育。喂食性疾患在不同儿童族群的发病率非常高（3%～90%）（Manikam & Perman，2000）。早产儿或患病的足月儿可能由于新生儿加护病房的经历而厌恶由口进食（Versaw-Baaarnes & Wood，2008）。以心理学的角度来看，婴儿期健全的亲子依附关系常建立在愉快的喂食中；对身体而言食物是第一个入侵者，如果幼儿对食物有排斥，在喂食当中不能与喂食者发生和谐的互动关系，很显然地，将来也不能有良好的社会性发育。此外，能否成功将食物送入婴儿口中，即完成口腔进食，被认为是母亲的角色认同（Hazel，2006）。

有喂食问题的儿童，每餐饭常像是一场大战，费时费力，使父母身心压力颇大。婴儿期主要发育任务是获得充分营养与建立亲子依附关系；口腔动作障碍会导致喂食问题，并妨碍幼儿此两项发育任务的达成。此外，由于进食与口语能力同样需要口腔动作协调，有人认为喂食能力相当于口腔的粗大动作，发音能力相当于口腔的精细动作，如果吃不好也可能会说不好。

二、口腔构造

图 4-1 为成人口腔构造图，图 4-2 为新生儿与成人口腔构造对照图，比较两图可了解新生儿与成人的不同。新生儿的舌头体积占整个口腔体积的百分比较高，因此新生儿舌头动作会较受限。软腭与会厌软骨之间距离较短，喉头的位置也较高，较接近会厌软骨。由于软腭与会厌软骨相近，因此新生儿仅能由鼻子呼吸，也因此新生儿的哭声皆为鼻音。这样的构造使新生儿吞食物的同时也能持续呼吸，减少呛食的危险性（Morris，1982）。

三、进食吞咽过程

食物进入口腔至吞咽的过程分三个时期，口腔期、咽道期与食道期。口腔期为摄取食物入口（图 4-3A）并在口中形成食团，将食团送至舌根（图 4-3B）；

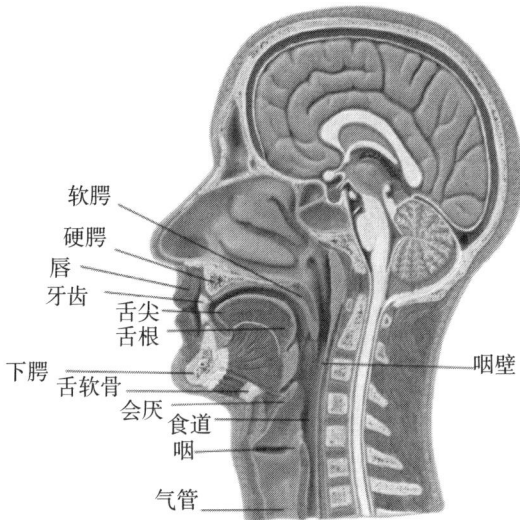

软腭
硬腭
唇
牙齿
舌尖
舌根
下腭
舌软骨
会厌
食道
咽
气管
咽壁

图 4-1　成人口腔构造图

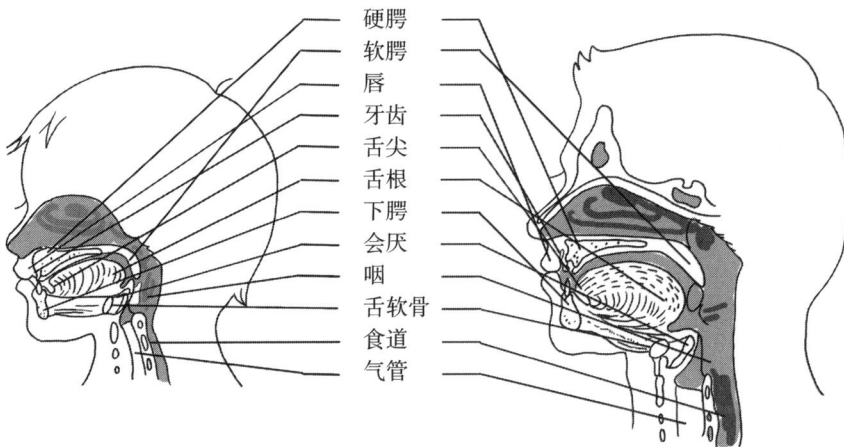

硬腭
软腭
唇
牙齿
舌尖
舌根
下腭
会厌
咽
舌软骨
食道
气管

图 4-2　新生儿与成人口腔对照图

咽道期为吞咽反射期，舌根向咽道后壁顶，软腭上升食团下滑，喉头上升，会厌及声带封闭气管开口（图 4-3C），食团入食道（图 4-3D）。食道期为食道反射性蠕动，食团下滑入胃。为分析重度发育障碍儿童的进食问题，有些人又将口腔期分为摄取食物期及口腔内期。在摄取食物期，除牵涉到用手取食物入口外，口腔动作主要是用嘴唇将食物含入；口腔内期则着重借由舌头、腭与双颊等动作将食物变成食团并运至舌根，有些儿童较有问题的是前期，有些则是后期（Morris & Klein，1987）。

　　口腔期为有意识且可自主控制的时期，接着的咽道期为有意识但不受自主控制的时期，最后的食道期为无意识且不受自主控制的时期。当处于口腔期及咽道

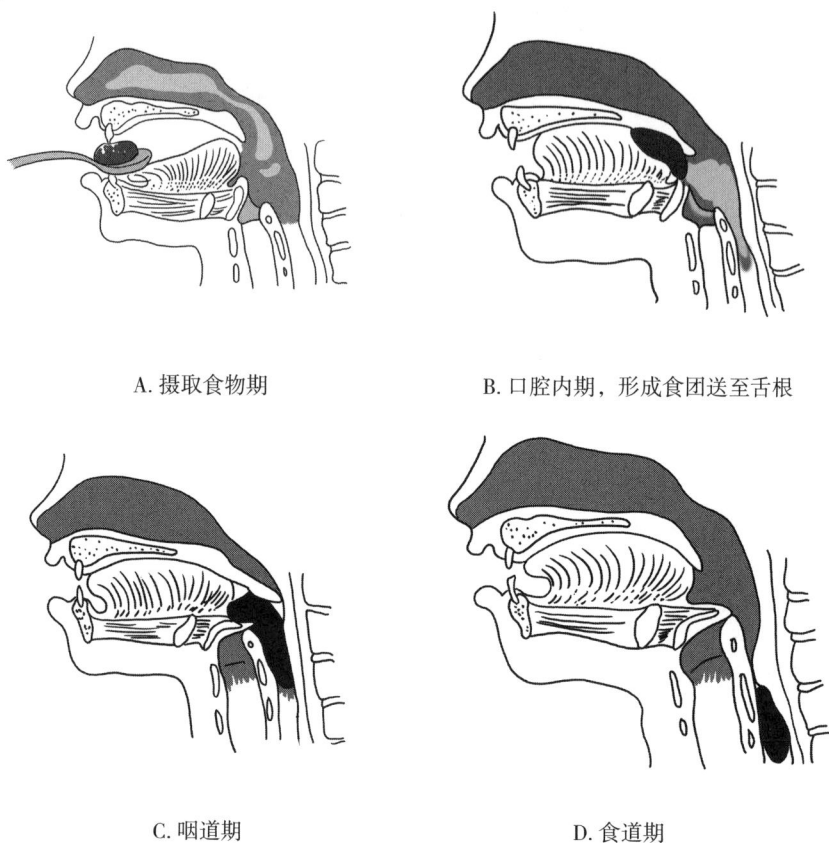

A. 摄取食物期　　　　　　　B. 口腔内期，形成食团送至舌根

C. 咽道期　　　　　　　　　D. 食道期

图 4-3　吞咽口腔期与咽道期的过程

期时嘴唇会紧闭，舌头将食团往后送至舌的中央位置并往上顶硬腭。当下巴闭合，软腭会抬起，然后舌头向前上顶，使食团快速向后滚到咽头。接着会厌软骨会关闭使喉部气道封闭，呼吸因此暂时抑制，同时软腭也会上提顶住后壁，以避免食物进入鼻腔，颊咽肌和舌上肌同时收缩会使舌骨和喉头抬到最高的位置，紧接着舌下肌、甲状舌骨肌与中央收缩肌一齐收缩，形成一股强大的压力推使食团向咽下括约肌移动，当食物抵达锁骨位置时，舌头与喉部会放松，降回到原来的位置，此时会厌软骨会向前开，呼吸又开始进行。整个吞咽反射遵循着"全有全无律"，其所需时间为 1.1 ～ 1.5 秒（Morris，1977）。

第二节　口腔动作的发育

口腔动作发育与一般动作发育一样，皆属一种感觉动作发育，以下依进食活动各个方面介绍口语前期口腔动作的发育（Guerra & Vaugh，1994；Morris &

Klein，1987）。

一、进食食物种类的顺序

进食食物种类的顺序如表 4-1 所示，由液体、半固体及软的食物，至大部分餐桌上的食物依序发育。

表 4-1　食物的种类与适合开始食用的年龄

食物的种类	开始食用的年龄 / 月
液体	0 ~ 3
半固体的副食品	4 ~ 6
被捣成泥状的食物，入口即化	6 ~ 12
被切细或容易咬断的餐桌食物	12 ~ 18
大部分餐桌食物	18 ~ 24

二、口腔动作反射与控制

表 4-2 为口腔动作反射及其出现、整合年龄，这些反射都是出生之后就会存在，与营养的摄取密切相关。

表 4-2　口腔动作反射与其出现、整合年龄

反射	出现年龄	整合年龄
寻乳反射	怀孕周数 28 周	3 个月
吸吮—吞咽反射	怀孕周数 28 周	2 ~ 5 个月
呕吐反射	怀孕周数 28 周	终生均有
动态型咬合反射	怀孕周数 28 周	3 ~ 4 个月

寻乳反射：为抚摸上唇、下唇或嘴角时，会引起头转向刺激来源的方向，做出寻找食物的动作，通常舌、唇、腭也会往相同方向动。在正常发育中，寻乳反射在出生时就有，于 2 ~ 4 个月时消失。

吸吮 – 吞咽反射：吸吮 – 吞咽反射为新生儿吸奶的反射动作，用类似奶嘴的东西伸入唇中，就会引发新生儿舌头前后动作，合并下腭部开合的规律性动作，同时反射性吞咽动作紧跟在吸吮动作之后。在吸吮 – 吞咽反射动作中，嘴唇呈放松半合状。妊娠 33 ~ 34 周的新生儿开始出现吸吮与吞咽协调的动作。早产儿吸

吮与吞咽协调动作有问题就容易呛奶。因此早产儿也大都在此时间开始由口喂食（Lau，2011）。

咬合反射：当牙龈或牙齿受到刺激时，即呈现规律性咬－放的下腭部动作，就是咬合反射。这种原始反射一出生就有，在3～5个月时消失，正常为动态咬合反射，而非张力型。

呕吐反射：当刺激舌部后1/3、软腭或喉部时，会引起呕吐。这种呕吐反射一出生就有，以后终其一生都有。太敏感或太迟钝都会造成进食困难。

吸吮的动作形态有两种，"喂食吸吮"与"非喂食吸吮"。"非喂食吸吮"的动作形态与喂食吸吮的动作形态类似，但吸与吞速度较快，频率约为"喂食吸吮"的2倍，较喂食吸吮早成熟（Lau，2011）。

三、由奶嘴或杯子里吸喝液态食物的口腔动作发育

吸喝液体食物的口腔动作形态的发育可参考表4-3，吸吮的动作协调性渐佳，由需要靠杯子提供下巴的外部稳定，渐至下腭自行有内部稳定的发育（Guerra & Vaughn，1994）。

表4-3　由奶嘴或杯子里吸喝液态食物的口腔动作发育

年龄	动作形态
以奶瓶进食：包括吮及吸两种形态	
0～3个月	·吮形态：舌头前后动作并伴随下腭开合的动作，会产生正压
大于3个月	·吸形态：舌头上下动作并伴随下腭上下动作，会产生负压
以杯子喝水	
4～8个月	·吮的动作形态
	·舌头有伸出及缩回的动作
	·下腭动作大
12个月	·吸的动作形态
	·少有舌头伸出及缩回的动作
	·下腭有上下或前后的动作
	·在吸流体时会有一些流出口外
	·舌头压住杯缘下以求稳定
18个月	·吸的动作形态
	·会咬杯子以提供下腭外部稳定
	·由上嘴唇含着杯子提供密合之作用
	·下腭动作幅度减少

年龄	动作形态
24 个月	·吸的动作形态
	·杯子可保持在两嘴唇中间
	·下腭可自行有内部稳定

吸吮 - 吞咽频率于足月儿与早产儿皆为 1∶1，足月儿喂食吸吮频率约 60±12
下 / 分（Lau et al., 2003）。早产儿随着进食表现的进步，吸力、吸吞频率及
一次吞入的奶量都会增加。早产儿的进食问题主要来自吞咽及呼吸间的协调，而
非吸吮及吞咽间的协调（Lau et al., 2003）。吸吮及吞咽间的节奏或吞咽及呼
吸间的协调，可以预测儿童将来的进食、呼吸以及发育障碍（Gewolb & Vice,
2006）。

四、由汤匙摄入软或硬的固体食物的口腔动作发育

由汤匙将固体或半固体食物摄入口中的动作形态发育见表 4-4。3 个月时会
用吸或吮的方式吃汤匙中的食物，主要为下腭与舌的动作，嘴唇少有动作，8 ~ 10
个月时开始有嘴唇动作，24 个月有舌及下腭的分离动作（Guerra & Vaughn,
1994）。

表 4-4　由汤匙里摄入软或硬的固体食物的口腔动作发育

年龄	动作形态
小于 3 个月	不会以汤匙进食
3 个月	由汤匙吮或吸入食物，但嘴唇不会提供协助
6 ~ 7 个月	看到食物下腭会打开
8 个月	上嘴唇往下往前移，以协助食物由汤匙移入口中
10 个月	上嘴唇往前、下及往内移动，将食物从汤匙移入口中
24 个月	会以舌头动作清除上下嘴唇的食物
	舌头及下腭的动作是分离的

五、咀嚼时下腭及嘴唇的动作发育

咀嚼时下腭及嘴唇的动作发育见表 4-5，下腭由垂直动作，渐至 9 个月有斜

向动作，至转圈的旋转动作，而嘴唇与下腭初期是同时上下动，至 18 个月左右嘴唇与下腭的动作分离，因此在咀嚼时嘴唇呈现闭合的动作。舌头在 6 ~ 8 个月时有左右动作。

表 4-5　咀嚼时下腭及嘴唇的动作发育

年龄	动作形态
5 个月	垂直动作
9 个月	垂直动作
	将食物由中间往旁送时下腭有一些斜向动作
18 个月	下腭有斜向动作
	咀嚼时嘴唇会持续闭合
24 个月	垂直动作
	斜向及绕圈的旋转动作
	咀嚼时嘴唇会持续闭合

第三节　常见的喂食与口腔动作问题

一、喂食性疾患流行率

喂食性疾患可发生在一般儿童、肠胃疾患儿童或是发育障碍儿童身上。儿童喂食性疾患流行率为 25%，在发育迟缓儿童中流行率高达 80%。重度喂食性疾患在儿童中流行率为 3% ~ 10%，在身体障碍儿童中流行率为 26% ~ 90%（Manikam & Perman，2000）。

二、喂食性疾患类别与症状

喂食性疾患包含喂食障碍、过度摄食与乱食症（Manikam & Perman，2000），本章以喂食障碍为主。在《精神疾病的诊断和统计手册》第四版（DSM-IV）中，"婴儿期或儿童早期的喂食及饮食性疾患"包含乱食症、反刍疾患与"婴儿期或儿童早期的喂食及饮食性疾患"（孔繁钟与孔繁锦，1996）。DSM-IV 的"婴儿期或儿童早期的喂食及饮食性疾患"小项即相当 Manikam 与 Perman 所说的喂食障碍。DSM-IV 对喂食障碍的诊断标准是：①喂食障碍，表现出持续不能吃得足够，并且在至少一个月期间内体重明显无法增加或显著降低，②此障碍并非由于胃肠道或其他一般性医学状况（如胃食道反流）造成，③此障碍无法以其他精神疾患（如反刍疾患）或缺乏食物作更佳解释，④初次发生在 6 岁以前（孔繁钟与孔繁锦，1996）。

婴儿期或儿童早期的喂食障碍类别常见有：不渴症、吞咽困难、拒食、自我进食不足、进食时间过长、噎到／作呕／呕吐、进食行为不当、偏食（Manikam & Perman，2000）。

发育迟缓儿童（包括脑性瘫痪与中重度智障儿童）的常见喂食障碍为：自我进食不足、噎到／作呕／呕吐、吞咽困难、进食行为不当、进食时间过长、拒食（Jones，1982；Manikam & Perman，2000）。

吞咽困难为咀嚼食物困难和将食物从口腔输送到食道的过程中出现问题，常见于神经肌肉障碍儿童。吞咽困难可以是暂时性、慢性或进行性的（Dusick，2003）。在评估吞咽困难时需考虑儿童的年龄，因不同年龄其进食与吞咽方式会有所不同，所以必须了解吞咽困难在进食吞咽过程哪一时期发生（Dusick，2003）；根据发生的时期，又分口腔期吞咽困难、咽道期吞咽困难与食道期吞咽困难。常见的吞咽困难整体症状包括：进食效率差、拒绝食物或进食发育迟缓；特殊症状包括：吐舌头、噎到、咳嗽、氧压不足（Dusick，2003）。

喂食性疾患与饮食性疾患不同，后者常指心因性厌食症或心因性暴食症（Manikam & Perman，2000）。

喂食性疾患通常会造成生长迟缓，慢性病罹患率提高，甚至死亡。喂食性疾患不仅影响儿童发育，其家庭也会受影响（Manikam & Perman，2000）。

三、喂食性疾患原因

大部分喂食性疾患属器质性，但牵涉心理、社会及生物等三个方面（Connor et al.，1978；Crickmay，1972；Holser-Buehler，1973；Manikam & Perman，2000；Morris，1977；Pearson & Willians，1972；Stroh et al.，1986a；Trefler & Westmoreland，1977）。一般儿童的喂食性疾患常是暂时性的，较多与社会与心理因素有关，如环境、气质、亲职能力、心理压力等；一般而言，喂母乳的婴儿通常不会有偏食问题（Manikam & Perman，2000）。

发育障碍幼儿喂食性疾患的器质性原因包括：①构造缺陷：如口腔咬合不正等，②生理缺损：如胃食道反流（GER）、食物过敏、神经肌肉控制缺损等。发育障碍幼儿较多由神经肌肉控制缺损造成（Manikam & Perman，2000）。其心理与社会因素如一般儿童，但发育障碍幼儿有较多不好的早期医疗照护经验，此也可能是造成喂食问题原因之一。

发育障碍幼儿的器质性喂食障碍的常见症状有：

（1）舌头协调动作差，常吐舌推出食物。

（2）因肌肉张力过低或嘴唇的协调动作不佳，而无法闭合嘴唇，或不会用嘴唇吸入汤匙或杯中食物。

（3）因吞咽、吸食、咀嚼问题或张力咬合反射过强，而不会咀嚼或只能吃流质的食物。

（4）因下巴控制不良，张太开而流口水。

（5）呕吐，可能因胃食道反流或呕吐反射过分敏感等因素造成。

（6）因口部及其周围过度敏感拒绝进食。

而偏向心理层面的喂食障碍症状有：

（1）只吃流质食物，拒吃固体食物，以避免粗糙质感食物。

（2）经常呕吐或以其他不良行为以引起别人注意。

（3）拒绝独立进食，因习惯别人喂食。

（4）偏食，因太晚给辅食。

（5）食物含在口中很久才吞下。

除了上述的原因之外，儿童的学习能力不足或是缺乏学习的机会也都可能造成其进食方面的困难或发育迟缓。智障儿童由于智力缺陷，而其他发育障碍儿童又常伴随听力损失、视知觉不良等合并症，导致基本学习能力缺损。部分发育迟缓儿童，由于受到父母亲的过度保护或弃之不顾等极端情形，儿童活动受限，也会减少其学习自我进食机会（廖华芳与林丽英，1989）。

流涎问题也常发生在发育迟缓儿童身上，包括心理或生理上的因素，我们将在本章第六节加以详细讨论。

第四节　进食与口腔动作的评估

喂食评估最好由专业团队一起进行，团队中至少有儿科医师、耳鼻喉科医师、肠胃专家、营养师、行为心理师以及治疗师等相关专业（Drolet & Siktberg，1994；Manikam & Perman，2000）。美国儿科医学会在 2002 年临床指引中特别提出，对于因感觉或口腔系统问题造成语言、吞咽、流涎障碍的儿童，一定要请耳鼻喉科医师会诊（American Academy of Pediatrics- Medical Specialty Society，2002）。

最重要是根据团队评估，将障碍原因分为四大类，即：①有能力有动机，

②无能力有动机，③有能力无动机，④无能力无动机。针对无能力有动机者以医疗处置为主，有能力无动机者以行为处理为主，无能力无动机者须合并行为与医疗处置（Manikam & Perman，2000）。

评估时，最好请主要照顾者当场示范平时喂食的方式（Morris，1982）。吞咽困难的评估包括详细喂食史，检查肌肉张力、头部、颈部、口腔与身体的姿势及构造、反射，舌头动作、神经；此外，需要注意婴儿是否有食物吸入肺部情形。通常在吞咽困难时，会给予录像透视摄影检查，内窥镜或超声波影像检查（Dusick，2003）。以下介绍治疗师常用的进食行为观察与口腔动作评估。

一、一般动作控制能力

评估何种姿势下儿童比较不受异常张力的影响而有较好的功能表现，例如有些低张型或屈曲痉挛型儿童于支持性站立姿势可呈现较好的头部控制。另外，也要评估感觉刺激对张力与动作的影响，全身肌肉张力与动作控制能力会影响口部动作，手部与头部躯干的控制能力又进一步影响自我进食能力。同时评估儿童非口语沟通能力的可能性，例如能否使用肢体动作或眼球动作进行非口语沟通。

一般动作控制能力包括：

1. 头部控制

（1）于俯卧、坐姿、站姿、行走、由仰卧拉起到坐姿时的头部控制。

（2）有无头部的翻正反应。

（3）在翻身或坐起时，头部控制是否适当。

（4）在进食、倾听与说话时的头部控制情形。

（5）眼球动作能否与头部动作分离，眼睛能否注视交谈者的眼睛。

2. 躯干控制

于坐姿、站姿与行走时的躯干控制。

3. 上肢控制

（1）坐立时，手能否撑于前、侧、后方。两手姿势是否对称。是否一侧严重度较高。

（2）上肢于进食、说话及其他活动中是否呈现协同反应。

（3）手能否持续抓握或自主地释放，动作形态如何。

（4）有无手部逃避反射。

4. 肌肉张力

（1）静态基本姿势张力是高张、低张还是变动的？

（2）张力受动作、姿势或感觉刺激的影响如何，在何种姿势下显现的张力最接近正常？

（3）若有不正常张力，其分布的形态如何？

（4）不正常张力对腭部、唇部、舌部动作及呼吸功能的影响有哪些？

5.一般原始反射与不正常反射

（1）有无原始反射或不正常反射的存在？

（2）这些反射对口腔动作的影响有哪些？

二、口部反射

了解是否有口部反射发育问题。如咬合反射正常为动态型咬合反射，若出现张力型咬合反射，则属不正常反射。正常作呕反射是刺激舌部后1/3、软腭或咽部时，会引起作呕；若仅刺激唇部或硬腭部分，仍产生作呕，则是一种不正常现象。某些儿童由于口腔控制不良，无法有效地将食团移入喉部，以引起反射吞咽动作；食团滞留在舌后半部的时间太长，亦会引起作呕反射。

三、对感觉刺激的反应

儿童生活在一个多刺激的世界里，因此了解儿童对刺激的反应以决定喂食的环境是很重要的。譬如有些儿童在某些环境当中易有呕吐现象，为了减少呕吐发生，在喂食时应避开那些环境。

1.听觉刺激

（1）儿童听觉是否正常？

（2）儿童对大声、高音、突如其来的声响、音乐、机器嘈杂声等能否忍受？

2.视觉刺激

（1）儿童视觉是否正常？

（2）儿童看到日常熟悉事物、图片、食物的反应如何？

（3）儿童看到物体接近时的情绪如何？

3.前庭刺激

（1）当儿童被移动时，姿势张力如何变化？

（2）当儿童自己移动时，姿势张力如何变化？

（3）动作快慢的影响如何？

（4）慢速的摇晃等前庭刺激是否可使其情绪稳定下来？

4.触觉刺激

（1）儿童对在身体各处（头、脸、手）被抚摸时的反应如何？

（2）对轻抚或重压的反应有无差别？

（3）儿童是否喜欢被拥抱？

（4）儿童是否喜欢口部刺激，咬玩具，咬自己的手、脚？

（5）口部有无过分敏感？是否会干扰刷牙、进食等日常生活？

（6）儿童能否自己提供口部刺激？

5. 味觉刺激（酸、甜、咸、苦）

（1）对新口味的反应如何，喜欢或不喜欢？若不喜欢的话，是否容易适应？

（2）有无特别嗜好的口味？

（3）对不同温度食物的反应。

6. 嗅觉刺激

（1）有无特别喜欢或不喜欢的味道？

（2）是否常鼻塞？

（3）喜不喜欢闻每一样东西？

7. 社会性刺激

（1）儿童对赞赏、责骂、批评的反应如何？

（2）是否有激烈的情绪反应？激烈的情绪反应会不会合并不正常的动作模式？

四、沟通方式

（1）儿童如何沟通？是否使用或尝试其头部、躯干、手与人沟通？会使用特定的脑性瘫痪模式吗（例如全身反弓，全身僵硬）？会转头去寻找他要的东西吗？会用躯干移向他要的东西吗？会使用简单的手势或手语吗？何种限制使其不能充分控制头、躯干或手以进行沟通？

（2）儿童如果使用脸部或眼睛与人沟通，会使用吐舌、缩唇等特定的脑性瘫痪模式吗？会注视沟通的另一方吗？会用眼神示意吗？会用眼睛看向他所要的东西吗？会用脸部表情来表达他的感情与需要吗？何种限制使其不能充分控制眼球动作与脸部表情以进行沟通？

（3）儿童进食的沟通方式如何？

①如何表示饿了？母亲会知道儿童饿了吗？儿童是用特殊的哭声、嘴巴的动作、指向食物或是用语言表示？

②如何表示饱了？母亲会知道儿童饱了吗？儿童是用特殊的哭声、嘴巴的动作、推开食物或用语言表示？

③如何表示对食物的喜恶？有无特别的喜恶？是用脸部表情、语言、手势或哭闹来表示？

④如何与喂食者互动？会主动看喂食者吗？会发音微笑吗？会用手或身体靠向喂食者吗？看到食物嘴巴会张开吗？

⑤喂食者如何与儿童互动？喂食者会诱发眼对眼接触吗？喂食者会用脸部表情、发音、抚摸等来与儿童互动吗？喂食者是否显得很紧张？喂食者如何回应儿童的反应？

⑥儿童是否需要辅具工具以加强其沟通能力，如沟通板？

五、喂食情形

1.喂食姿势

（1）儿童处于仰卧、半躺、俯卧或侧卧何种姿势？被抱在母亲的怀中或坐在椅子上？

（2）喂食中是否出现不正常姿势张力或动作形式？这些不正常张力或动作会不会干扰口部控制？

（3）喂食者是否尝试过某些姿势调整？效果如何？喂食者本身姿势舒服吗？

2.平均一餐花费的时间

（1）最久的一次是哪一餐？花多少时间？通常每餐花费时间超过半小时就应注意。

（2）不同的喂食者、不同的食物或不同的姿势会不会影响用餐时间？

（3）儿童会不会一边吃一边玩？喂食者是否也喜欢一边喂一边逗他玩？

3.食量

（1）一餐大约吃多少？哪一餐吃得最多？

（2）不同的喂食者、不同的食物或不同的姿势会不会影响食量？

（3）最近食量较多或较少？

（4）喂食者觉得儿童的食量如何？希望儿童一餐吃多少？一天吃多少？儿童的食量是否符合他的期望？期望合理吗？

4.食物种类

浓度及硬度：食物浓度及硬度在喂食治疗中是一个重要因素。通常浓度较高的食物可增加舌头及口部的感觉刺激，似布丁类浓稠度的食物会留在舌上较久，不会在儿童吞咽之前一下子又流到口外。根据食物浓度及硬度分类有高浓度固体（玉米粉、细磨面包屑）、高浓度液体（浓木瓜汁）、单一密度的固体（肉类、水果、蔬菜）与液体内含固体（含玉米颗粒的浓汤）。半固体或泥状的食物较适合给自我进食初期或口腔期动作技巧成熟的孩子用汤匙喂食。

质地：不同质地的食物可提供唇、舌、颊等不同的感觉刺激。由质感平滑食物到质感粗糙食物，可刺激舌部与下腭而逐渐发展出咀嚼动作来。磨细的面包屑、香蕉或罐头水果、煮烂的蔬菜、剁碎的面条等都是属质感平滑食物。而干果、肉类、洋芋片等则属质感粗糙较能刺激咀嚼动作的食物。

味道：在舌头上，不同味道的味蕾分布在不同区域，因此各种不同味道的食物可以刺激舌部动作。例如甜味的分布在舌尖，苦味的分布在舌尖与舌根，咸味的分布在舌前侧，酸味的分布在舌侧（Farber，1982）。

食物对唾液及黏液分泌的影响：对于吞咽大量口水有困难的儿童，需注意这项问题。会增加黏液分泌的食物有牛奶及奶制品；减少黏液分泌的食物则为汽水、清汤、肉汤。会增加唾液分泌的则有天然的糖、水果、甜的饮料。

温度：某些儿童对口内食物温度的变化相当敏感，不喜太冷或太热的食物。一般而言，较冷的食物可刺激吞咽动作。

5. 食器

（1）儿童用奶瓶、杯子、汤匙还是筷子进食？

（2）奶瓶的奶嘴种类为何？

（3）能否自行使用这些食器？

（4）需何种帮助？

六、进食中的口咽功能

对于吞食有困难的儿童，尤其尚在鼻胃管进食阶段，要测试其口咽功能。测试者最好能事先熟练如海姆力克急救法（Heimlich，1975）及其他心肺复苏术（CPR）等急救手法，以免食物误入气管，造成窒息。参考方法如图4-4C，即一旦成人或较大的儿童有呛到的现象，无法呼吸，脸色变白渐至发黑，测试者在后，一手握拳，以拳头大拇指端压于食物梗塞者横膈下（即肚脐与肋骨间），另一手覆盖拳头上，反复给予快速往上的推力，即可帮助推出误入气管的食物（海姆力克法）。图4-4A、B则为1岁以下婴儿的方法。急救过程中若看到喉咙或是嘴巴中塞了东西，要迅速将异物移除。

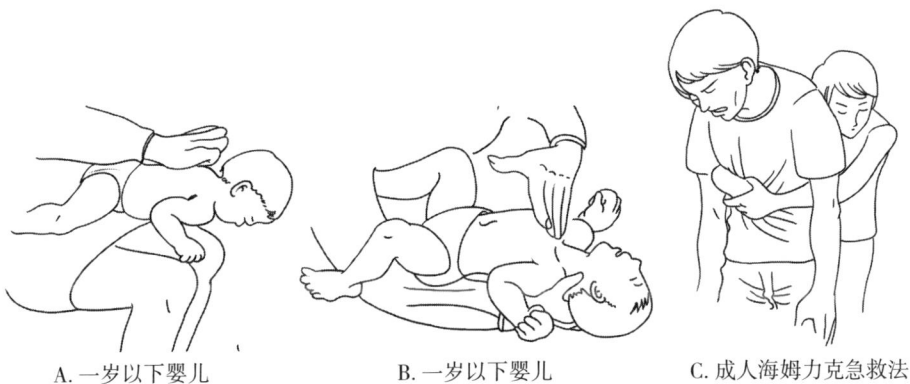

A. 一岁以下婴儿　　　　B. 一岁以下婴儿　　　　C. 成人海姆力克急救法

图 4-4　海姆力克急救法

研究显示，早期有喂食问题儿童的进食能力与 18 个月大的 BSID-Ⅱ显著相关。对早期有喂食问题的儿童在开始由口进食后 1～2 周进行喂食及吸吮评估，根据表现分为 4 组：①无吸吮动作／吸吮力量非常弱；②有不规则吸吮动作／吸力弱；③有规则吸吮动作但吸力弱；④有规则吸吮动作且吸力正常。追踪至 18 个月大，早期喂食表现可预测 BSID-Ⅱ分数。在第二次评估时如果喂食能力有进步，其 BSID-Ⅱ的分数也会较好（Mizuno & Ueda，2005）。

吞钡剂进行的吞咽与荧光透视检查通常用来检查进食障碍儿童是否有吞咽困难（Lau，2011）；此外，吸吮成熟度量表，也可以用来评估婴儿吸吮能力的成熟度（Lau，2011）。

进食中口咽功能的评估项目如下：

（1）儿童由奶嘴或乳头吸吮奶水的情形：观察奶嘴吸吮情形判断是否容易吸到奶水？有无原始反射存在？使用何种奶嘴？奶嘴的洞口是否加大？奶水会由儿童的口边流出吗？有没有使用鼻喂管？

（2）用杯子喝流质食物的情形：儿童能否真正将杯中食物吸入口中？有无舌、腭、唇的不正常动作？使用何种杯子？会不会呛到？

（3）儿童吞咽流质食物的情形：有无吞咽动作？（初期对吞咽不好的幼童，可用 10 mL 的生理食盐水测试其吸与吞的能力。）是否以头后仰的姿势吞咽？是否常呛到？较浓或较稀的流质是否使吞咽较容易进行？在吞咽时，唇部控制如何？食物会不会流出？

（4）吸、吞动作呼吸间的协调：

①进食中有无呼吸窘迫现象？曾患有吸入性肺炎？儿童的呼吸窘迫现象会危及生命吗？

②儿童可连续吸吞几回？是否开始节奏及吸力较好，但一段时间后就会呼吸急促或哽住（郑素芳，2010）？

③吸—吞与呼吸的顺序是否受下腭或舌外吐的影响？

④儿童在进食中是否呈现锁骨呼吸、肋间内缩或鼻孔外翻等现象？

⑤用杯子喝液状食物时可以连续吸—吞几回？

⑥用杯子喝液体食物比较会呛到或咳嗽吗？

⑦能否连续喝 40 mL 的液体食物而不呛到？

（5）由汤匙吸食流质食物的情形：能以汤匙吸取食物吗？如何吸？有无不正常动作（例，咬住汤匙不放，舌头吐出等）？使用何种汤匙？上唇是否有含住食物的动作？下嘴唇有内缩的动作吗？舌头会舔附着在唇上的食物吗？

（6）吞咽半固体或固体食物的情形：多久给一次半固体或固体食物？有无吞咽动作？会头往后仰着吞吗？已出现自主吞咽或需合并吸吮—吞咽反射？儿童

是否常常吐出或呕出食物？唇部在吞咽时能否闭合？

（7）流涎的控制情形：儿童流口水的严重程度与他的摆位有无关系？进行粗大动作时是否会流口水，还是进行精细动作时会较严重？儿童是否正在长牙？长牙时流口水现象是否明显？

（8）进食中唇部动作控制情形：

①有无不正常的唇部动作？是内缩、颤抖或无力吗？经常发生吗？在何种情况下发生？平常唇部姿势如何？容易松开还是会紧紧地向后拉？

②唇部闭合动作在吸奶嘴、由杯子喝水、用汤匙进食或咀嚼时有出现吗？

③儿童有何种唇部动作控制？观察上下唇动作方向与范围、准确度与力量。

④唇部动作能否与腭部动作分离？吸奶嘴、用杯子饮水、咀嚼时，上下唇能否保持闭合？上唇能否做出往前往下并内缩的动作以含入并吃光所有汤匙内的食物？

（9）进食中腭部动作控制情形：

①有无不正常的下腭动作？会妨碍进食吗？是否有内缩、外凸、张力咬合、侧偏或颤抖？经常发生吗？如何发生？

②下腭的稳定性如何？当开口等待食物时，可测试下腭的稳定性；用食指在儿童下巴上很快下拉再放开，正常会有轻微阻力，并很快再回到原来位置。

③儿童在下腭开或闭时有何种程度的控制？如在用汤匙进食、喝杯中的水与吸吮、咀嚼时，闭合的动作是否恰到好处？在咀嚼时下腭动作的速度与规律如何？

④儿童能否平顺地做出小范围的下腭动作？如依食物大小调整开口的大小，咬东西时施用适当的力量。

（10）进食中舌部动作控制情形：

①有无不正常的舌部动作妨碍进食？吐舌、舌头内缩或无力？这些不正常动作的强度如何？经常发生吗？如何发生？

②儿童有何种程度的舌部动作控制，前后、上下、左右？动作的准确性与范围如何？

③舌部动作能否与腭部动作分离？在舌头舔嘴唇，或舌头左右偏时观察此分离动作。

七、呼吸状况

（1）脊柱的柔软度如何？

（2）呼吸肌肉的张力如何？

（3）呼吸是深或是浅？

（4）呼吸动作是否规律？

（5）何种形式的呼吸占优势？胸式呼吸？腹式呼吸？锁骨呼吸？反转呼吸？与摆位姿势有关吗？

（6）有无肋骨外翻、肋间内缩？

（7）呼吸速度如何？

（8）是经由口部或鼻部呼吸的吗？先观察儿童休息时的呼吸速率，将儿童口部紧闭 5 ~ 10 秒，看其反应。

八、发声情形

（1）在哭、笑或抗议时发声有无困难？发出元音、子－元音或连续性子－元音时有无困难？

（2）能否持续发音？最长的哭声可维持多久？1 秒？1 ~ 2 秒？或大于 2 秒？

（3）在哭时音量够大吗？发音时音量够大吗？

（4）声音的音调太高或太低？音调是否会突然变化？

九、幼儿呕吐评量的注意原则

在幼儿经常呕吐时，一定要请儿科医师、耳鼻喉科医师与语言治疗师一起进行评估（American Academy of Pediatrics–Medical Specialty Society，2002）。除实验室例行的检查之外，Morris 建议考虑以下几个问题（Morris，1977）：

（1）呕吐的问题已存在多久？发生的次数频繁吗？

（2）是否只有某些特别的食物才会引起呕吐？呕吐发生在喂食中或喂食后？是否在特别的情况下才呕吐？

（3）口腔某处是否过度敏感？

（4）吞咽是否困难？

（5）是否对某些食物过敏？

（6）是否有其他的行为问题？如：常发脾气、任性、常想引起大人的注意。

（7）对食物是否有强烈的喜恶偏好？

（8）家长及老师处理呕吐时的反应如何？

第五节　进食与口腔动作问题的处理

干预喂食性疾患最好是由完整的团队进行，包括医疗处置、行为改变技术、不当喂食方式的改变、亲职能力及喂食技巧的教育及训练，大部分的喂食问题可经治疗而得到改善，行为改变技术对器质性的喂食性疾患也有效果。为补充喂食性疾患儿童的充分营养，最好是先尝试口腔进食训练方法，最后才建议用管灌食（Manikam & Perman，2000）。

由于儿童与青少年饮食性疾患及喂食性疾患与成人的疾病密切相关，因此美国儿科医学界特别呼吁儿科医师要关心儿童进食问题，鼓励小儿科医师干预进食问题的评估、处理或是转介给合适的专家（Manikam & Perman，2000；American Academy of Pediatrics – Medical Specialty Society，2003）。

在治疗吞咽困难方面强调个别化的治疗，必须包括有神经、呼吸、营养以及肠胃方面的处理，通常在吞咽困难时要特别注意姿势及摆位、食物及喂食器具的适应、口腔动作治疗、喂食治疗、营养提供及其他处理，因此需要专业团队一起对儿童及其家人进行评估与干预（Dusick，2003）。

有吞咽困难者进食时，食物可能误入呼吸管道，从而引发吸入性肺炎，严重时甚至会致命。严重的吞咽困难者需使用管灌食，不能进行由口进食训练；很多儿童经过检查与训练后，可使用不同的辅助方法提高吞咽的安全性。

一、处理原则

喂食与口腔动作问题的处理原则为：

（1）先确定造成口腔动作问题的原因。

（2）确定无咽道期或食道期吞咽困难，才能喂入食物。

（3）训练者具有噎食急救方法——海姆力克急救法的技巧。

喂食与口腔感觉动作训练的重点包括：

（1）寻求适当的进食姿势。

（2）口腔及脸部触觉正常化。

（3）促进口咽动作控制。

（4）训练初期宜在游戏中进行。

（5）提供足够的学习经验与感觉输入。

（6）目标为儿童能顺利进食进而能独立进食。

喂食与口腔功能的训练初期可在点心时间或游戏中开始，若在正餐时进行，反而会造成亲子压力。6个月大之后，在添加辅食时，才开始执行汤匙喂食的训练。

胃食道反流为胃里面的东西反流回食道，所引起的症状或并发症称为胃食道反流疾患（GERD），是儿科医师或医疗专业人员常会碰到的问题，GERD的儿童常会有呕吐、体重增长缓慢、吞咽困难、胃或胸骨疼痛、食道发炎或呼吸综合征（Rudolph et al.，2001）。婴幼儿期的流行率约为5%～15%（大多为生理性胃食道反流），儿童期一般小于10%，青少年阶段的流行率可能比学龄前期或学龄初期的流行率高些；儿童期的胃食道反流现象多半与情绪或饮食有关（骆至诚，2008）。

婴幼儿胃食道反流的治疗可分为四个阶段：第一阶段为姿势性治疗，过去认为喂食后头高脚低姿势约呈30°～45°或保持直立姿势至少1～2小时，可利用重力减少胃食道反流（骆至诚，2008），但研究显示，有 GER 疾病的早产儿在喂食后半小时采用俯卧或左侧在下侧躺姿可有效减少 GER 频率（Corgavlia & Rotatori，2007）。第二阶段为食物治疗，以少量多餐或增加食品的黏稠度方式来减缓胃食道反流的症状。第三阶段为药物治疗，药物种类有蠕动剂、制酸剂或氢离子阻断剂。第四阶段为外科抗逆流手术治疗（骆至诚，2008）。

根据美国肠胃内视外科医学会的临床指南，GER 疾病一旦确诊并需要手术者，可以经由有经验的外科医师给予手术，其手术成功率高于90%，内窥镜检查及治疗方式已经证实可以加速病患的康复（Society of American Gastrointestinal Endoscopic Surgeons，2001）。

因心理层面所造成的喂食问题的行为处理的原则如下（胡家珍等，1987；Blank，1986；Connor et al.，1978；Eaton-Evans & Dagdale，1987；Holser-Buehler，1973；Ogg，1975；Shepherd，1995；Trefler & Westmoreland，1977）：

（1）一次只试一种食物，不要把数种食物混合，否则会改变食物的气味及质感，而造成感觉的剥夺。

（2）两餐中间不要给点心。

（3）食物由流质慢慢改为半糊半固体，进而改为固体食物。

（4）喂食之前，喂食者先尝尝口味，新的食物则先用食指或奶嘴蘸一点让幼儿尝尝，使幼儿可接受食物。

（5）选用合适的食器辅助幼儿进食。

（6）注意幼儿与喂食者的姿势，必须舒适且喂食者能对幼儿的咀嚼及唇部闭合的动作有较好的控制。Lorraine 指出幼儿在6个月大就可以于支持性坐姿下喂食（Lorraine，1975）。

（7）将口部感觉正常化，帮助幼儿控制口部动作。

（8）进食困难度若太高，则少量多餐胜于多量少餐。

（9）营养成分与正常同年龄及体重相同的幼儿一样即可。

（10）4～6个月是断奶准备期，宜于此时开始喂辅食，超过此时期幼儿较不易接受新食物。

（11）即使只吃一小口，也给予鼓励。

（12）培养进食间的愉快气氛，因为焦虑的母亲会增加幼儿的焦虑，以致影响幼儿的进食行为，进而减少营养的摄取及人与人之间的安全感。

（13）帮助其独立进食，鼓励幼儿自己拿餐具进食。

（14）开始尚在尝试阶段时，应隔离幼儿喂食以免影响全家用餐气氛；当幼儿进食困难度降低，不拒绝用餐时，便应让其与家人一起用餐，以增进其社会性及语言沟通的发展，并借进食时间促进家庭关系。

二、提供适当的进食姿势

适当的进食姿势应注意下述几点（廖华芳与林丽英，1989；Finnie，1997；Harris & Purdy，1987；Miller，1987）：

（1）采用喂食者本身觉得最舒服、最放松的姿势。

（2）儿童在此姿势下最容易控制舌、唇、下腭动作，使吸、咀嚼与吞咽能顺利完成。

（3）使喂食者更容易协助儿童控制动作与姿势，如面视位置——治疗时若能与孩子面对面，使其头部维持在正中位置，比较方便观察到口部动作并进行控制。另外，在摆好喂食姿势之前，应将食物、饮料与食具都准备好（图4-5A、B）。

A.用枕头将婴儿置于母亲对面　　　　B.用婴儿座椅将婴儿置于母亲对面

图4-5　面对面的进食姿势

（4）对早产儿或吸吮力弱的儿童采取屈曲支持的抱姿喂食，并提供婴儿手中抓握以强化吸吮力，因吸吮是属于屈曲动作形态的一部分（Warren，1993）。

（5）理想的躯干直立稳定姿势为口腔动作学习的先决条件，若躯干位置不当、视觉方向不良则会影响儿童注意力与口腔动作控制（廖华芳与林丽英，1989；Miller，1987）。对伸直张力较强的痉挛型儿童或徐动型儿童，切记不要在其头后仰或仰卧姿势下进食，协助摆位在下肢屈曲与下巴微屈的姿势（图4-6）（Finnie，1997）。

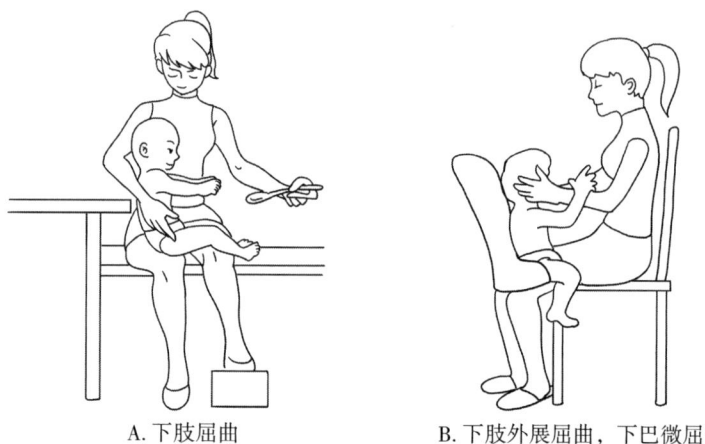

A.下肢屈曲　　　　　　　　　B.下肢外展屈曲，下巴微屈

图4-6　伸直张力较强的痉挛型儿童或徐动型儿童的建议姿势

对弯曲张力较强痉挛型儿童或低张型儿童的建议姿势为直立且头部稳定、下巴微屈；不建议姿势为头部不稳定，头部过分弯曲、伸直或头偏侧向一边（图4-7）（Finnie，1997）。

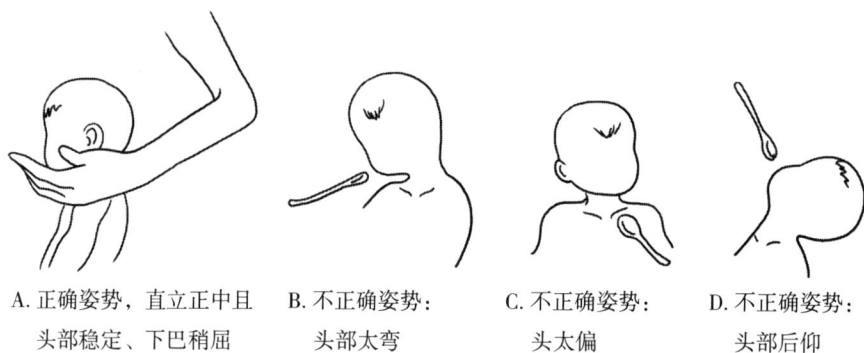

A.正确姿势，直立正中且　　B.不正确姿势：　　C.不正确姿势：　　D.不正确姿势：
头部稳定、下巴稍屈　　　　　头部太弯　　　　　头太偏　　　　　头部后仰

图4-7　弯曲张力较强痉挛型儿童或低张型儿童的进食姿势

对于下巴内缩、有极度吸吮与吞咽困难的儿童，可置放在俯卧位置用香蕉形奶瓶喂食（Mueller，1972），以避免头部后仰，并协助下巴往前伸（图4-8）。

三、口腔及脸部触觉正常化技巧

由于早期胎儿对触觉的第一个反应属保护性反应，即转动头部远离刺激，而触觉区分的能力是在出生后触觉保护性反应逐渐抑制下来后才发育出来的，二者

相互抑制，因此在完成脸部触觉正常化技巧后，应紧接着进行觉区分能力的训练，以使触觉保护反应的抑制作用持续（Farber，1982）。触觉正常化技巧可分为抑制性触摸技巧与诱发性触摸技巧。

图 4-8　下巴内缩有极度吸吮与吞咽困难的儿童的进食姿势：
俯卧，用香蕉形奶瓶进食，下肢外展屈曲，下巴微屈

（一）抑制性触摸技巧

抑制性触摸技巧通常用于触觉过分敏感的皮肤持续性重抚或加压，特别是于口部四周持续性重抚或加压。由于皮肤对加压有一种适应力，因此给予一个稳定的持续压力可降低其敏感性，然而这种适应力会随刺激的强度与刺激的部位而异。加压在口部附近会刺激三叉神经的感觉中心，再传向迷走神经的背运动神经核，因此会促进副交感神经作用。由于口部周围相当敏感，在皮质的感觉区亦占很大范围，因此加压通常由此开始。治疗师用食指持续放在鼻下、上唇间皮肤上，时间视患儿反应而定（图 4-9）（Farber，1982）。

图 4-9　口部四周持续性重抚或加压

若进行口部周围持续性触摸或加压时，儿童头部转开或呈现交感神经反应（例如心跳加速、出汗、脸色发白），则改由腹部、手掌与脚掌开始（Farber，

1982）（图 4-10）。腹部持续加压时可同时让幼儿手掌朝向腹部放置，注意治疗师手部不能太冷。初期可将儿童摆在全身屈曲的姿势进行抑制性触摸（图4-11），也可以在背部进行缓慢抚摸。顺着毛发方向，慢慢抚摸儿童背部。确定背部无太多卷毛，两手动作需有规律且连续，一次不要超过 3 ~ 5 分钟（图4-12）。若仍太敏感，可回到持续性加压。

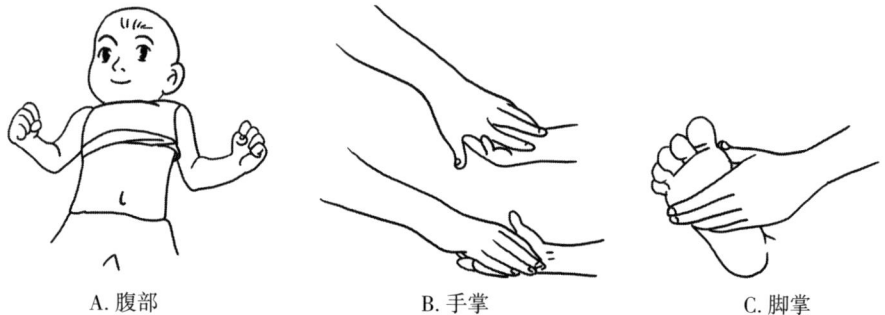

A.腹部　　　　　B.手掌　　　　　C.脚掌

图 4-10　抑制性触摸，身体持续性重抚或加压

图 4-11　儿童处于全身屈曲的姿势

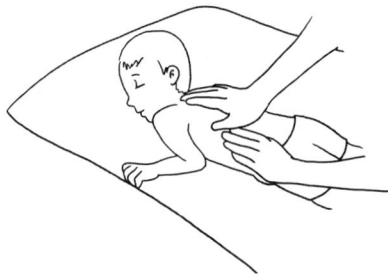

图 4-12　在背部进行缓慢抚摸

当口部降低敏感成功时，持续压力施于舌背上 3 ~ 5 分钟，只要患儿的舌背可忍受持续压力，则后舌部就会上抬，吞咽动作随之发育出来（Farber，1982）。

（二）诱发性触摸技巧

诱发性触摸技巧是在幼儿身上快速地触摸或用刷子在皮肤上刺激，适用于低张型且口部肌肉控制较差、无过分敏感的儿童。在口部周围，由鼻下开始由上往下快抚（图4-13A），移到下巴，由下往上快抚，然后在两颊，由下往上（图4-13B），或用手指或刷子在口部四周快速轻触，由外向内方向（图4-13C、D）。通常要连续几回合后才会有反应，每次进行约4～5回合，且每一回合之间有短暂休息（图4-13）（Farber，1982）。此种刺激有时会使婴儿产生弯曲形式的反应，即上肢弯曲，在胸前交叉。这种弯曲形式常合并于喂食时手中协调动作的训练。当反应出现后就逐渐将刺激向外移到双颊与嘴角。

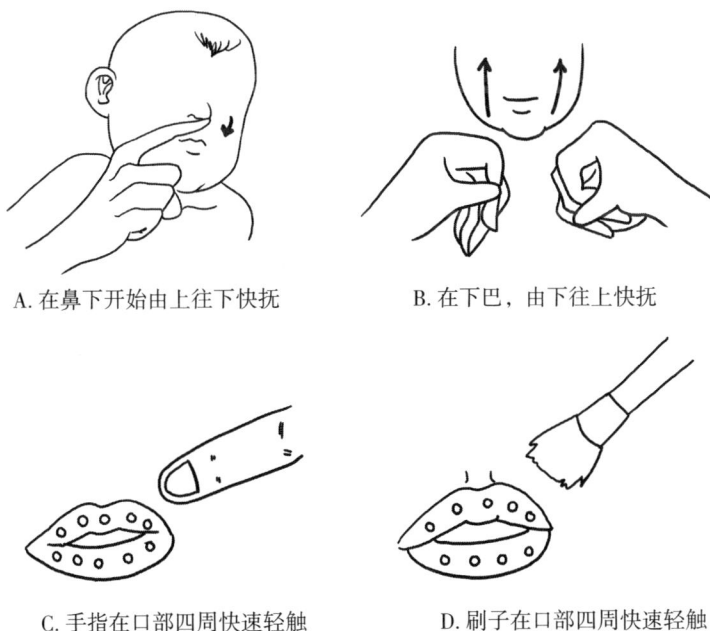

A. 在鼻下开始由上往下快抚　　　　B. 在下巴，由下往上快抚

C. 手指在口部四周快速轻触　　　　D. 刷子在口部四周快速轻触

图4-13　口部附近部位短而快速的触摸

短而快速的触摸也可用在下肢上，加强下肢张力可在第10胸椎皮节处施加刺激，可得到下肢弯曲的动作。此外，也可用刷子在所要刺激肌肉的皮节上刷，即可刺激此皮节的肌肉收缩，但要小心使用。

（三）口腔内感觉正常化

当儿童接受脸部刺激后，开始进行口腔内感觉刺激（Connor，1978）。分别在嘴唇内、牙龈外侧、上牙龈与硬腭间摩擦（图4-14）。图4-15为舌上行走技巧，适用于外吐的儿童。以一手固定头部，另一手用食指或压舌板持续加压于舌头背部前1/3处，维持3～5秒。刚开始会引发呕吐或咬合反射，一旦重复刺激，过度敏感现象便会减低，舌头后半会提高，并伴随吞咽动作产生（Farber，1982）。当舌部过度敏感现象消除后，即可开始进行促进舌部动作的技巧。

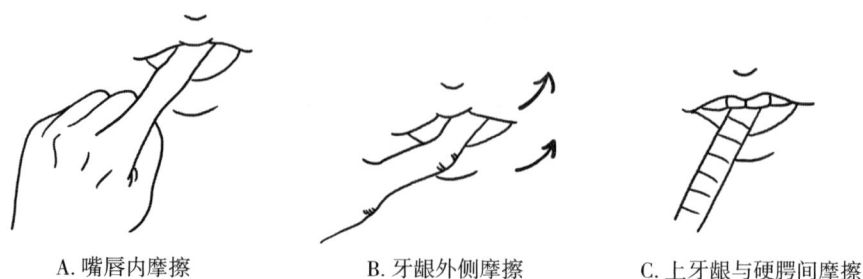

A. 嘴唇内摩擦　　　　　B. 牙龈外侧摩擦　　　　C. 上牙龈与硬腭间摩擦

图 4-14　口腔内感觉减敏感动作

对于吸吮动作差而使硬软腭缺乏感觉刺激的儿童，可在口腔底部由前往后抚摸，以诱发正常舌部动作。对于呕吐反射迟钝的儿童，可用橡皮棒刺激腭咽弓及腭舌弓（Farber，1982）（图 4-16）。

图 4-15　舌上行走技巧

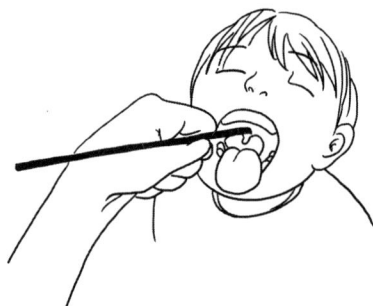

图 4-16　对于呕吐反射迟钝的儿童，可用橡皮棒刺激腭咽弓与腭舌弓

四、促进口腔动作控制的技巧

（一）促进下腭控制的技巧

能否维持下腭的稳定性是幼儿能有效率地吸与咀嚼的先决条件。食指沿着嚼肌、颞肌的纤维走向振动，可促进肌肉张力，在振动后再给予牵张。对于下巴过分内缩的儿童，不要刺激颞肌后侧纤维。

对于下巴维持在开的位置而无法闭合的儿童，如果他是处在上半身后仰的位置，先使其颈、肩往前，再控制下巴。用拇指与其他指头将下巴快速下压放开（图4-17），或轻拍耳垂前双颊，都有助于下巴闭合（图4-18）。

对于下巴过分内缩的儿童，用手指将下巴向后推，一旦儿童有下巴前伸的动作，则加适当的阻力。对下巴过分前伸的儿童则施以前推的力量，反复地上抬下压下腭直到下巴开闭的动作较为平顺，亦有助于下巴的动作控制。口部低

图 4-17　拇指与其他指头将下巴快速
下压放开，刺激下巴闭合

图 4-18　轻拍耳垂前双颊，
刺激下巴闭合

张的儿童，若其唇与下巴一直张开，可将上下唇快速拉开再放掉，有助于口部闭合（图 4-19）。

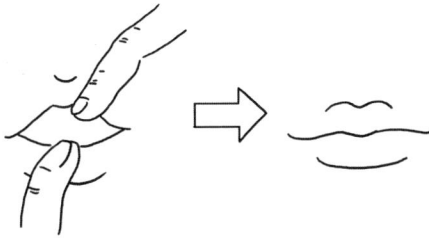

图 4-19　将上下唇快速拉开再放掉，则有助于口部闭合

（二）促进吸及唇部动作控制

对于一个吸吮都有困难的儿童，在初期，补充营养是首要目标，除了降低敏感与刺激吸吮动作外，先不要考虑其他技巧性的治疗。为了补充儿童的营养，专业团队可考虑暂时性的鼻胃管。可先给予口部周围皮肤感觉正常化后，试着用小指头刺激其吸吮动作，婴儿可吸吞自己的口水没问题后，再沾一些蜂蜜或糖浆等甜的东西放入舌上，轻轻搓压舌尖部与上硬腭以刺激吸吮动作。若以奶瓶喂奶时，需将奶嘴置放在舌头之上，用下腭控制手法，将下巴规律地往上推放，帮助吸出奶水，奶水的味道将有助于诱发吸的动作。或可试着用汤匙喂牛奶，但需先试以生理盐水喂食，且每次量不可太多，以免造成吸入性肺炎。

另外，在口轮匝肌上持续加压可促进唇部的吸吮功能，亦可在口部周围给予振动，振动后再给予牵张口轮匝肌，以加强唇部吸力。牵张口轮匝肌以促进唇部闭合有一重要原则，即对上唇的牵张方向为往外往上，下唇则是往外往下。此外，含香草或香蕉口味的冰柱有助于诱发吸吮动作。一旦吸的力量逐渐增强，将液体浓度变稠，可增加吸的阻力。诱发口部闭合张力的技巧，是以假奶嘴后加一片塑胶片，在吸吮时加压于唇部（Farber，1982）（图4-20）。以系线的纽扣置于牙齿与嘴唇之间，拉线要求儿童以唇紧闭挡住纽扣外滑，增强嘴唇闭合力量，进而加强唇部吸的力量（Farber，1982）。对于平时唇部紧张后拉而不易闭合的儿童，可先将上唇稍往上推，然后由鼻侧两旁向嘴角处重抚（图4-21）。

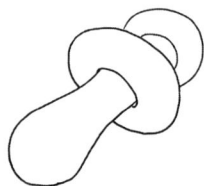

图4-20　假奶嘴后加一片塑胶片，
在吸吮时加压于唇上

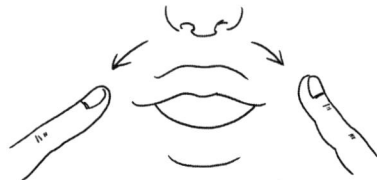

图4-21　嘴角两侧重抚，
可松开紧张的口部附近组织

（三）促进舌部控制的技巧

对舌头外吐的儿童有4个治疗方法以促进舌部自主内缩。第1个方法是在下巴舌头内缩肌加压；第2个方法是以食指或橡皮杆在舌系带两旁振动刺激舌内缩肌；第3个方法是用手指将舌快速往斜外方向牵张以诱发舌内缩动作，治疗师若用纱布缠住手指，则更容易控制儿童的舌头；第4个方法是以舌上行走技巧控制（Faber，1982）。

对于已有舌部内缩，但准备发育咀嚼动作的儿童，可开始诱发其舌侧偏动作，用食指或是橡皮棒轻且快地在舌侧左右推，当舌有侧偏的动作时，即以同样的手法施加阻力，以加强侧偏动作（图4-22）。

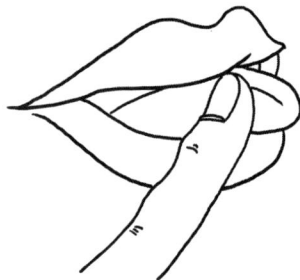

图4-22　橡皮棒轻且快地在舌侧左右推，
以加强舌偏移动作

对于舌过分内缩的儿童，可用手指往舌尖向后推，则可诱发舌外吐动作。在口部上方门牙后轻抚可诱发舌上抬，或在舌前用压舌棒下压后放开，则可诱发舌尖上抬，此外，也可用压舌棒在舌尖下往上推。

（四）促进吞咽动作的技巧

当儿童下腭与唇部能闭合后，治疗师用拇指或其他指头在儿童下巴由下往上轻压并做出小圆圈的旋转动作以协助舌头上移（图4-23），然后沿着喉咙做短距离抚摸或以指头由下巴到锁骨振动咽喉部肌肉以诱发吞咽动作（图4-24）。注意不要压到喉结，以免呛到。

图4-23　用拇指或其他指头在儿童下巴下往上轻压并做出小圆圈的旋转动作

图4-24　沿着喉咙做一短距离抚摸以促发吞咽

（五）促进咬合动作的技巧

张力咬合反射或原始咬合反射与咀嚼动作通常呈现相互抑制的关系。当张力咬合反射出现，儿童无法张开嘴巴，不要试着用汤匙撬开嘴巴或用手拉开嘴巴，以免咬合反射增强。较好的方法是等儿童放松，张力降低后再移开汤匙或杯子，或轻轻将下腭上压以诱发儿童自动放开。

若咬合反应仍十分强烈，则进行下述抑制技巧：轻而稳定地将儿童嘴巴闭合，轻拍嘴唇或牙齿几下后，再轻轻将下巴往下压以诱发口部张开，然后再将儿童下巴扶至开口的步骤，重复上述步骤。对于下巴松弛，没有咬断食物能力的儿童，治疗方式是用稍坚硬的食物，例如烤过的吐司、饼干或苹果，将食物放在两个牙齿间，再用大拇指在下巴由下往上轻压，直到一小片食物被咬下为止，必要时要协助咀嚼与吞咽，此步骤需重复多次。

（六）促进咀嚼动作的技巧

当儿童无咀嚼动作时，为避免历经太多挫折，开始时可在点心时间练习。记住：要发育咀嚼动作需等到儿童已能接受固体食物；若儿童对食物的感觉并不清楚，偏酸或咸的食物则有助益，如橘子、酵母、调味品。

将食物放在臼齿上的咬合面会诱发主动咀嚼。若无咀嚼动作产生，则将一小片脆饼干放在臼齿的咬合面上，再协助其下腭上下动作。动作不能太大以免咬到脸颊或舌头；亦可一手帮助下巴闭合，另一手轻揉脸颊外侧，以避免食物夹在牙龈与脸颊间。对于下巴张力松弛的病人，以大拇指在下巴轮流上推下拉以刺激咀嚼动作。在咀嚼时，需有灵活舌头动作的配合，因此可在进食前先施行促进舌头动作的技巧。

若儿童注视治疗师且能了解与模仿，则可示范咀嚼动作并鼓励。用一块手绢大小的牛肉或用纱布袋包住的肉类，让小孩练习咀嚼是很好的训练，且没有吞下的危险。治疗师可拉住肉的一端，把肉放到后面牙齿的咬合面，让儿童在下腭控制之下，嚼肉的另一端，肉汁的味道会令儿童继续咀嚼，同时练习吞咽。

五、以不同食具进食的训练

（一）奶瓶及奶嘴

奶嘴的种类依以下因素区分：①软硬度，如一般乳胶奶嘴比硅胶奶嘴柔软；②尺寸或形状，如长直型、短宽型；③开口形状与大小，如十字形、Y形、圆孔形的开口大小（Sheahan & Brockway，1999）。

唇腭裂婴儿也可尝试喂母乳，但若因吸吮力量不足，吸母乳有困难，可以用吸奶器将母乳吸出，再倒入奶瓶喂食。适用唇腭裂婴儿奶瓶建议如下：①可挤压的、塑胶制的奶瓶，借挤压奶瓶帮助吸吮力较差的婴儿进食；②选择较大、较柔软的奶嘴；③奶嘴的开口以Y字形或十字形为佳，因为只有开口受压迫时，奶嘴口才会打开，可避免婴儿呛到；④使用带有排气孔及节流器的"唇腭裂专用奶瓶奶嘴"；⑤控制牛奶流速，以奶瓶倒立时能让奶水一滴接一滴地流的速度为主。

随着早产儿的成长，奶瓶也应随其口腔动作能力而更改。初期奶嘴质地要较柔软、流速适当，奶嘴若开口太小，则吸奶较吃力，开口若太大则奶水流速太快，容易呛到；奶嘴不宜过长以免引起呕吐反射。在早产儿喂食吸吮之前先给予安抚奶嘴，可以协助儿童由管进食进入到由口进食（Lau，2011）。喂食吸吮时，注意吸吮时是否无力或呛到。开始喂奶时将奶嘴塞到嘴里上腭的位置，有规律地向外拉一下再向内推到原本的位置，这样可以刺激吸吮动作；如果吸吮力量不够，可以轻轻推挤他的两颊，加强嘴巴噘起与吸吮力量，或用手轻顶下腭，协助下巴稳定。如果喂奶时容易呛到或是呼吸急促，可以让早产儿吸 5～8 下就抽离奶瓶，让他有时间可休息一下。在每餐间用安抚奶嘴，可练习吸吮的口腔动作及呼吸间协调（郑素芳，2010）。

（二）汤匙进食的注意事项

以汤匙喂食时应注意下腭控制，先以少量食物置于匙尖；汤匙应由正中、口部稍下方进入嘴巴，以免引起头部后仰或加强儿童不对称姿势。汤匙放入口中时，尽量不要碰到牙齿，将汤匙底部轻压舌头的前中部位，以诱发唇部闭合，抑制吐舌与咬合反射；要等候儿童唇部闭合含住食物，不要用汤匙从上龈往上刮，而使食物落入儿童口中。在食物进入儿童口中时，应协助儿童闭合口部直到吞下食物为止，以防止儿童用舌头将食物推出口外（Mueller，1972）。

进行汤匙喂食时，开始应选取半固体或稍稠液体食物，因为液体食物难度较高。随着口部动作控制能力增进，可逐渐给予较粗糙的食物，最后才是困难度高的不同硬度的混合食物。

不要选取底部太凹的汤匙（图 4-25）；无法产生前臂外旋动作的小孩，应选取弯曲汤匙柄的汤匙（图 4-26）。尽量协助儿童手握汤匙进食（Finnie，1997）。

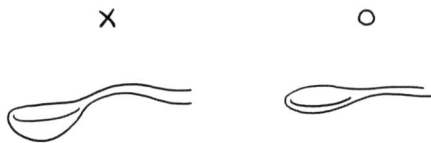

图 4-25　汤匙不要选取底部太凹的

图 4-26　对无前臂外旋的小孩，宜选取弯曲汤匙柄的汤匙

（三）以杯子喝水

三点式下腭控制的手法非常重要。平时应让儿童习惯此手法，可协助儿童下巴稳定，增强唇部吸入液体能力，当儿童吞咽时用此手法可控制下腭与嘴唇闭合（图4-27）（Finnie，1997；Mueller，1972）。训练用杯子喝水的方法类似汤匙进食方式。在进食时可应用不同的杯子，如缺口杯、斜形杯、漏嘴杯与有耳杯，以协助进食顺利进行（图4-28）。

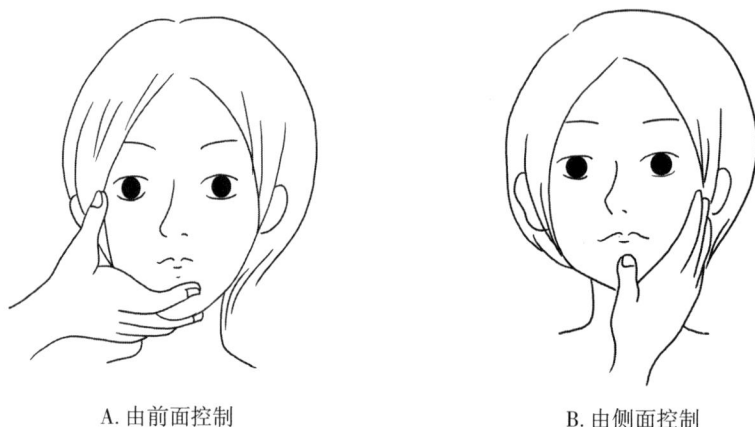

A. 由前面控制　　　　　　　　　　　B. 由侧面控制

图4-27　三点式下腭控制的手法

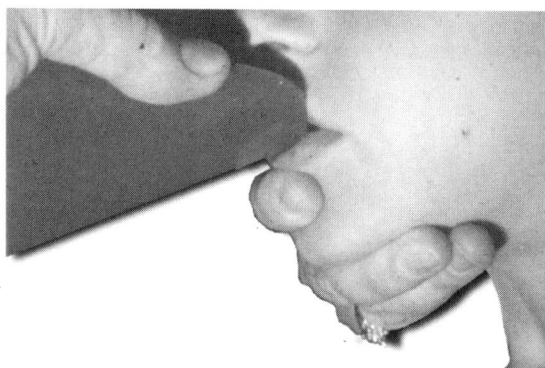

图4-28　缺口杯及三点式下腭控制手法

（四）用吸管吸水

对普通儿童来说，用吸管喝液体食物为后期的发育行为，对特殊儿童来说更是困难，除非他已有喝的能力，口部协调亦不差，且为了加强嘴唇功能或克服举杯的困难，否则不要太强调吸管吸水训练。训练的步骤类似杯子喝水的训练方法，开始选有弹性的橡皮（似止血带）或聚酯材料的吸管，长约 5 ~ 8 厘米，将吸管放在两唇之间，而非牙齿之间，刺激唇吸，抑制咬合反射。先用手指按住吸管一端，

使其高于口部,手指放开后,液体便会因重力影响而流入口内,再逐渐降低倾斜度;
当儿童唇吸力够大时,便可鼓励他自主往上吸(图4-29)(Mueller,1972)。
训练初期选择儿童喜欢的饮料来鼓励唇吸,以及选用较短、内壁适中、易吸的吸管,
并且一次只能吸一小口。一旦具有将液体往上吸的力量时,则可用较长、较小内
壁的一般吸管,以增强吸力。对较大的儿童而言,为了增强双唇吸力,可用吸管
吸纸片的游戏来训练(Finnie,1997)。

图 4-29　训练用吸管吸水,先用手指按住吸管另一端,使其高于口部,
手指放开后,液体便会因重力影响而流入口内,再逐渐降低倾斜度

六、口语前期呼吸、发音与沟通的训练

(一)呼吸训练

嘴的闭合能力对鼻呼吸是很重要的,通常我们在进食与发音时都使用鼻呼吸。
不正常的身体张力会妨碍呼吸,抑制不正常肌肉张力将会使呼吸接近正常。

将儿童置于侧躺位置可使胸部不会过分伸直或过分弯曲(Connor,1978)。
可于吸气前在胸处加压以使呼气更加完全,以刺激下一次吸气;在呼气时给予稳
定的、逐渐加大的压力(图4-30)。亦可教导儿童长且有控制地呼气,作为发
长音的准备。对于一个有反转呼吸形态、吸气时胸骨下凹的儿童,在下肋处给予
一个稳定的压力,便可诱发胸腔在吸气时扩大(Connor,1978)(图4-31)。

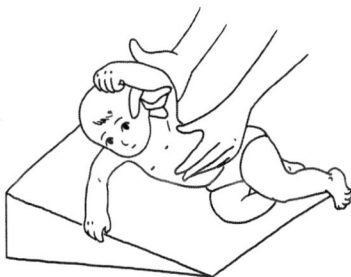

图 4-30　吸气前在胸处加压以使呼
气更完全,刺激下一口气吸更深

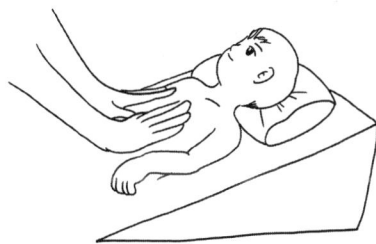

图 4-31　将双手压在下肋处,促进
胸腔在吸气时扩大

（二）鼓励发音与促进沟通意愿

在儿童呼气或哭时给予胸部不同频率与大小的振动，可使儿童感觉不同口部形状的操作所产生的不同声音。利用眼神的交会或手语来增加不会口语儿童的沟通意愿。

七、食品问题

从吞咽和咀嚼方面来看一般儿童对食物处理的困难度如下。

1. 饮料和汤类（由易到难）

味浓糊状 →	味浓澄状 →	味稀奶状 →	味稀澄状
奶昔	果汁（凤梨汁）	牛奶	水
冰淇淋	过滤的菜汤	以奶油为主的汤	肉汤
酸奶酪			果汁（橙子汁）
布丁			汽水
牛奶蛋糊			矿泉水

2. 食品类（由易到难）

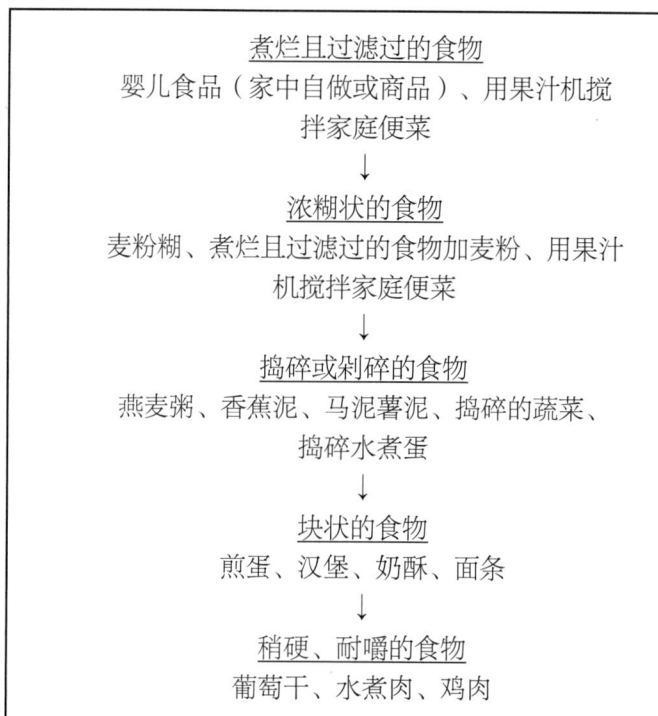

<u>煮烂且过滤过的食物</u>
婴儿食品（家中自做或商品）、用果汁机搅拌家庭便菜
↓
<u>浓糊状的食物</u>
麦粉糊、煮烂且过滤过的食物加麦粉、用果汁机搅拌家庭便菜
↓
<u>捣碎或剁碎的食物</u>
燕麦粥、香蕉泥、马泥薯泥、捣碎的蔬菜、捣碎水煮蛋
↓
<u>块状的食物</u>
煎蛋、汉堡、奶酥、面条
↓
<u>稍硬、耐嚼的食物</u>
葡萄干、水煮肉、鸡肉

八、行为处理

根据系统性文献回顾显示，操作或古典制约行为治疗对于喂食问题是一个有效的方法，包括进食情境的安排、使用正增强物及忽略不适当的进食行为。然而由于仅有少数研究符合标准研究方法学的要求，因此实证疗效研究还有待加强，才能够证实行为治疗确实可以改善喂食的问题（Kerwin，1999；Manikam & Perman，2000）。

九、灌食

管灌食包括鼻胃管、胃造瘘管灌食与空肠造瘘管灌食。鼻胃管常是短暂措施，胃造瘘管灌食与空肠造瘘管灌食属长期措施，都是对有极度喂食困难与营养不足的儿童，经父母同意后进行的处理。由于重度障碍儿童，如脑性瘫痪，通常常有吸吮咀嚼问题，导致营养不良、吸入性肺炎、长喂食时间与父母的压力，因此目前渐渐提出胃造瘘管灌食或空肠造瘘管灌食的处置方法（Sleigh et al.，2004）。所谓胃造瘘灌食是将经由开刀方法将灌食管子直接经由腹壁通到胃内去，而空肠造瘘管灌食则是直接经由之前的胃造瘘通道到肠（Sleigh et al.，2004）。根据文献回顾显示，虽然管灌食方便儿童获取营养，但情感上，主要照顾者常无法接受（Sleigh et al.，2004），对身心障碍者及其家人有很大的心理冲击（Hazel，2006），尤其在决定是否进行管灌食造口术时压力相当大，家长会期望有明确及一致的信息（Hazel，2006），高花费也是另一个问题（Sleigh et al.，2004）。有研究指出，一旦儿童接受管灌食后，儿童及家庭的生活质量都有正向反应（Hazel，2006）。但目前并无脑性瘫痪儿童使用胃造瘘灌食与口腔进食的 RCT 疗效比较文献（Sleigh & Brocklehurst，2004），只有世代研究与个案序列研究，其结果显示对大部分个案用胃造瘘灌食后，体重有明显增加，但研究也显示使用胃造瘘灌食儿童的死亡率较口腔进食者增加，此有可能是因为使用胃造瘘灌食者较严重。胃造瘘灌食者会有的并发症是吸入性肺炎及 GER 并发症，因此关于胃造瘘灌食的优缺点尚有待进一步研究（Sleigh & Brocklehurst，2004；Sleigh et al.，2004）。

第六节　流涎问题及其处理

流涎原是口水分泌过多之意，一般说法为"流口水"，是指无意识地由口中漏出口水或口中内含物。在婴儿时期这是一个正常的现象，通常 15～18 个月大的婴儿随着口腔动作功能的成熟，便不再有流口水现象（Mier et al.，2000），通常定义在 4 岁以上清醒时还有流口水的现象，即为异常（Blasco & Allaire，1992）。

一、流涎问题

脑性瘫痪儿童中流口水的流行率是 10% ～ 37%（Ekedah et al.，1974；Harris & Dignam，1980； Rapp，1980； van de Heyning et al.，1980）。针对一群智能不足者的调查显示，当时 14% 的个案有流口水的问题，若以累计的百分比来计算，则其中 28% 有流口水的问题（Osborne et al.，1994）。流口水常造成以下一些问题（Blasco & Allaire，1992； Sochaniwskyj et al.，1986）：

（1）卫生问题及难闻的味道，使儿童容易遭受到排斥，同时能力也会被低估。

（2）由于从小无法控制自己的口水，这种挫折感及遭受同伴的排斥，会让他自尊受损。

（3）衣服总是湿湿的，身体会觉得不舒服，而且会散发出难闻的味道。

（4）下巴会脱皮、湿疹及发炎。

（5）由于长期性的水分及营养流失，因此会有缺水的现象。

（6）书本及纸张通常被口水沾湿、沾脏，且电子用品也会因为口水的浸蚀而失去功能。

二、唾腺分泌与吞咽

成人正常的唾腺分泌一天可产生 500 ～ 1500 mL 的口水，其中的 90% ～ 95% 由下颌下腺及腮腺的分泌物组成，其他一小部分才是舌下腺的分泌物及嘴巴里的黏液（Blasco & Allaire，1992）。唾液分泌的神经传导途径是鼓索及鼓膜神经丛将神经冲动传导至副交感神经，刺激分泌神经纤维。一旦刺激到交感神经，唾液分泌就会下降导致口水变浓稠；相反地，当刺激副交感神经时，唾液分泌就会增加导致口水较稀。

根据报告，平均每人每天吞咽 590 次，其中吃东西时 146 次、睡眠时 50 次、醒着从事一般活动时 394 次。所以，一般每小时无意识吞咽约 25 次（大约 2 分钟一次）。所处的姿势对吞咽次数没有任何影响（Lear & Moorrees，1966）。

三、流涎的机制及影响流涎的因素

普通幼儿在 15 ～ 18 个月左右就会停止流口水（Blasco et al.，1992），发育障碍儿童 2 岁后还继续流口水的原因有以下 5 点：

（1）自主口腔动作功能障碍：例如下颌不稳、口部闭合不良、舌推凸或吞咽效率不良，所以学者们证实脑性瘫痪及脑伤病患吞咽障碍的主要问题在口腔期（Ekedahl et al.，1974；Sochaniwskyj et al.，1986；Wilkie，1967），但有些病患因为呼吸及吞咽协调不好，以致咽道期有吞咽障碍。1986 年 Sochaniwskyj 与 Koheil 等人通过嚼肌、舌骨下肌、口轮匝肌的肌电图，发现正常儿童口轮匝肌先有动作，接着嚼肌及舌骨下肌同时有肌电反应，而不流涎的脑性瘫痪儿童口轮匝肌与嚼肌先有肌电反应，接着舌骨下肌才出现动作，而对于流涎的脑性瘫痪儿童口轮匝肌不与嚼肌或舌骨下肌同时有肌电反应。中枢神经损伤（Ekedahl et al.，1974）及脑性瘫痪（Wilkie，1967）的流涎者其吞咽的咽道期及食道期通常没问题，有问题的是口腔期不成熟或不正常，出现舌头外突的现象或逆吞咽；也有可能是因为无法维持下巴闭合，以致嘴唇无法紧闭，使口内口水外流。因此协助下巴闭合可改善舌头动作协调。

（2）吞咽习惯没有养成：1986 年 Sochaniwskyj 与 Koheil 等指出，不流涎脑性瘫痪儿童的吞咽比率是普通儿童吞咽比率的 75%，而会流涎的脑性瘫痪儿童吞咽比率是普通儿童吞咽比率的 25%，这可能是因为缺乏口腔触觉的提示。

（3）感觉缺损：有可能是喉部的感觉缺损或是中枢感觉动作联结缺损，以至于让反射性吞咽受损。有研究指出智能不足或脑性瘫痪的儿童，对口水已经流出口外的感觉缺失，是造成流口水的原因之一，而 Weiss-Lambrou 等的研究显示脑性瘫痪儿童流口水者其口内立体感比没有流口水者差（Blasco & Allaire，1992；Weiss-Lambrou et al.，1989）。

（4）过度唾液分泌：脑性瘫痪儿童在临床上较少见此种情形，但无法完全排除脑性瘫痪儿童流口水不是同时因为唾液过度分泌、口水吞咽动作频率太少所造成的。

（5）智能障碍：智能障碍者从事活动所需的专心度会影响其流口水严重度（Lourie，1943）。

流涎的影响因素如下：情绪、头部位置、坐姿、专心度、腭裂或解剖构造异常、舌头大小与舌部控制能力、口部感觉功能减弱、无法经由鼻子呼吸、处于一天的某一时段（如早上或晚上）。但是，流涎与性别无关（Sochaniwskyj，1982；Van de Heyning et al.，1980）。

四、流涎问题评估

流涎问题的评估包括计算流涎比率或计算口水量。计算口水量的方法有以下6 种：

（1）计算一天换几次围兜。

（2）一段时间内称围兜重量的改变。

（3）将塑料袋套在下巴下收集口水。

（4）计算一段时间内流几滴口水。

（5）注入放射性同位素。

（6）利用抽吸管及收集杯，此种测量法可精确到 ±0.2 mL。

此外，使用超声波或颈部的听诊方法，可以检测儿童吞咽的状况（Blasco & Allaire，1992）。

五、流涎问题的处理

流涎问题的处理方法包括行为处理、口腔动作治疗、药物治疗及手术治疗，除此之外也有一些另类疗法，然而到目前为止尚无充足实证研究以证实其疗效。对流口水问题的处理最重要的是一定要经由团队的评估与干预（Brei，2003）。

口腔功能支架近年来被提出，认为可改善流口水的问题，手术治疗通常只有在保守疗法证实无效之后才考虑施行（Hussein et al.，1998）。

（一）行为治疗法

行为改变技术通常用于促进儿童对口水流出行为的警觉性，以及促进规律吞口水的动作，过去研究显示这样的行为疗法可以有效地改善流口水的现象，然而截至目前，研究所使用的个案数都太少。Garber 在 1971 年的个案报告中使用行为治疗法，治疗顺序是先让儿童察觉何谓流口水，接着讲话前先吞咽；如果儿童出现吞咽动作就给予口头奖励，如果儿童 1.5 分钟或 2 分钟都不流口水就给他 1 元钱，若过了 4 分钟都不流口水就给 2 元钱，过了 6 分钟都不流口水就给 3 元钱，至 12 分钟都没流口水就给 4 元钱，一直到 24 分钟都没有流口水就给 5 元钱；包括流出口水或擦口水都算是出现流口水的行为。如果儿童在 25 分钟内流口水次数小于 4 次就表示治疗达到了预期的效果，便可将目标提高。一星期治疗 3 次，每次需时 25 分钟。7 次治疗后发现这群儿童流口水的次数降低至 25 分钟内 4 次以下，本实验追踪到儿童 16 次的治疗期间，25 分钟内流口水次数都小于 4 次（约 5 个星期），且在最后两次治疗时，都不再流口水了（Garber，1971）。

Rapp 使用一套可携带的仪器提供吞口水的声音反馈，训练一群脑性瘫痪或智能不足儿童，经过 9 个月的追踪，显示使用时间提示器有显著的效果（Rapp，1980）。

Dunn 与 Cunningham 等发现一名 16 岁痉挛型四肢麻痹的脑性瘫痪儿童，使用吞咽的自我控制提示效果会比正增强物效果更好，然而这种效果只能维持 3 个月，没有办法持续 6 个月。一旦给予自我控制提示之后，流口水行为自然就开始减少。然而行为改变无法完全终止流口水，只是减少流口水的频率及流口水的量而已（Dunn et al., 1987）。

胡家珍等以行为改变技术成功促进了一名发育迟缓儿童的进食行为发育（胡家珍等，1987）。有些儿童会用流口水的行为来吸引大人的注意，因此行为改变技术的运用非常重要。

（二）知觉动作训练

由于流口水与姿势控制及口腔动作都有关联，因此知觉动作的训练配合辅具的运用，改善头部的控制以及使肌肉张力正常化，被认为是改善流口水的现象。有关于进行口腔知觉动作训练以改善流口水的疗效研究并不多。

加强口腔及头部的动作控制，可加强喂食功能。预期在喂食功能进步后，流口水现象跟着改善。一些儿童对下巴的干湿常无意识，就像我们并没有意识到手上戴了手表；对于这样的小孩，可用吹风机或其他方法加强干湿的感觉区辨（Morris, 1977）。

McCracken 曾经针对在福利院里的11位智能不足青少年进行知觉动作训练，结果显示其舌头的动作有明显的改善（McCracken, 1978）。

Harris 与 Dignam 在 1980 年研究下腭杯对流涎的功效，将 20 个脑性瘫痪儿童分为三组：第一组使用下腭杯并上流涎课程；第二组仅上流涎课程；第三组为控制组，用量围兜的重量以评量流涎量的多少，结果显示第一组儿童减少流涎的比率为 73%，而第二组的比率是 28%，第三组儿童不但没有降低流涎的现象，有些甚至更严重（Harris & Dignam, 1980）。

Domaracki 等针对福利院的多重障碍儿童的研究显示，对口腔内外以刷子每隔一小时刷一次，结果显示这样的治疗方法无法改善流口水的现象，即使加上振动的治疗也无法有效改善，因此建议对这类儿童除知觉动作训练外，最好配合行为改变技术，预计可能会有较好的效果（Domaracki & Sisson, 1990）。

Nelson 在 1981 年的研究中指出，若唇平衡器配合口腔动作训练持续 6 个月，有 60% ~ 75% 的流涎者会减少流口水机会；唇平衡器从每小时穿戴时间约 10 分钟，到每小时 30 分钟，进而到每小时 50 分钟，至于如何调配可视每个孩子不同状况而定（Nelson et al., 1981）。

Koheil 等人对 12 位脑性瘫痪非重度智障儿童以肌电反馈合并口腔动作控制训练，加上吞咽的听觉提示，结果显示经训练之后，流口水的比例明显降低，在一个月之后这样的效果依然持续。因此综合上述的研究显示，口腔动作训练如能配合行为改变技术，其效果较佳（Koheil et al., 1987）。

（三）药物治疗法

可借长期服用抗胆碱激素的药物来控制口水分泌过多的问题，进而改善流涎问题,例如阿托品(atropine)、东莨菪碱(scopolamine)、吡咯糖(glycopyrrolate)等,不过这些药物会有副作用(Blasco & Allaire, 1992)。

Mier 等使用双盲随机临床试验,结果显示,39 位发育障碍儿童使用吡咯糖后,有 1/5 的儿童可以有效控制并减少流口水,然而会有副作用,无法继续服用药物(Mier & Bachrach, 2001)。Bachrach 等的研究也有类似的效果(Bachrach et al., 1998)。

Lewis 等使用东莨菪碱贴布,以双盲随机研究方法对 10 个发育迟缓儿童进行研究,结果显示流涎明显减少,1/3 的儿童在使用贴布之后,流口水的现象完全停止(Lewis et al., 1994)。Siegel 也报告了东莨菪碱贴布对痉挛型四肢麻痹儿童的疗效(Siegel & Klingbeil, 1991)。

Jongerius 等在颌下腺注入肉毒杆菌以减少唾液的分泌量,以减少流口水的比率,结果证实可以降低颌下腺口水分泌量的 51% ～ 63%(Jongerius & Rotteveel, 2001)。但是最佳剂量及副作用如何,尚有待进一步的研究(Jongerius et al., 2001; Naumann & Jost, 2004)。

(四)手术治疗法

大部分流涎的手术通常在儿童 5 ～ 6 岁才进行,手术前需先经过保守治疗 6 个月,确实无效才可手术(Blasco & Allaire, 1992)。大部分的手术方法都是将腮腺及舌下腺切除或系紧;或是将副交感神经纤维切除、鼓索切除或鼓膜神经丛切除,以降低唾液的分泌;或是将腮腺或颌下腺导管转移到扁桃腺小窝,以解决在口腔期唾液无法转移到口部后方的问题,借此启动吞咽反射。这些手术成功率可达 80% ～ 90%,但副作用多,例如味觉丧失、脸颊肿胀、嘴巴干渴(Blasco & Allaire, 1992)。

Chang 与 Wong 等则用激光(Nd:YAG laser 1064 nm)对 48 位脑性瘫痪儿童进行两侧腮腺管内激光凝固手术,结果显示可降低脑性瘫痪儿童流口水的现象(Chang & Wong, 2001)。

(五)口腔支架

Haberfellner 等对脑性瘫痪儿童使用一种腭矫正器,每次佩戴几秒,到一天戴 30 分钟,主要在晚上使用,结果显示脑性瘫痪儿童口水量下降,这些脑性瘫痪儿童具有明显的改善,包括:可运用鼻子呼吸、嘴巴可自主关闭、口水量下降或不再流涎,而且讲话频率增加(Haberfellner & Rossiwall, 1977)。

Johnson 与 Reid 等报告了以 "茵斯布鲁克口腔感觉动作促进与调节支架" 对 18 位脑性瘫痪儿童进行的研究,结果显示戴上这种口腔支架之后,其流口水以及进食的功能比未戴支架的 6 个月控制期有显著增强,然而仅有 6 位完全完成研究，因此其效果如何有待进一步的研究（Johnson et al., 2004）。

问题与讨论

1. 比较成人与新生儿口腔构造相异处，并由此解释新生儿的发育与进食特性。
2. 请讨论进食吞咽的三个时期及其口腔动作控制情形。
3. 请讨论口腔期吞咽困难的评估、诊断、处理的原则与方法。
4. 请说明由杯子喝水或由汤匙摄入固体食物时口腔动作的发育。
5. 请说明进食功能评估中食物种类的评估及其发育次序。
6. 请说明常见的器质性与心理性喂食问题，并针对这两类问题的处理原则。
7. 请比较抑制性触摸技巧与诱发性触摸技巧的相异处，并各举一例说明施用方法。
8. 请示范三点式下腭控制的手法。
9. 请示范促进唇、舌动作控制的手法。
10. 说明用汤匙或杯子喂食的注意事项。
11. 请说明流口水的几种处理方法。

扫描封底二维码可获取本书参考文献。